Guttentag'sche Sammlung
Nr. 36. Preußischer Gesetze. Nr. 36.
Text-Ausgaben mit Anmerkungen.

Die Gesetzgebung über Polizeiverordnungen in Preußen.

Textausgabe der einschlägigen Gesetzesbestimmungen mit Einleitung, Anmerkungen und Sachregister

von

Otto Lindemann,
Geheimer Justizrat und vortragender Rat im Justizministerium.

Zweite Auflage.

Berlin 1912.
J. Guttentag, Verlagsbuchhandlung,
G. m. b. H.

Inhaltsübersicht.

Verzeichnis der Abkürzungen.

A. = Anmerkung.
Abs. = Absatz.
AG. = Ausführungsgesetz.
ALR. = Allgemeines Landrecht.
DJZ. = Deutsche Juristenzeitung.
EG. = Einführungsgesetz.
FFPG. = Feld- und Forstpolizeigesetz.
GA. = Goltdammer, Archiv für Strafrecht.
Ges. = Gesetz.
GS. = Preußische Gesetz-Sammlung.
GewO. = Reichs-Gewerbeordnung.
Jhrb. = Jahrbuch für Entscheidungen des Kammergerichts.
JMBl. = Justiz-Ministerial-Blatt.
JW. = Juristische Wochenschrift.
KG. = Urteil des Kammergerichts.
KO. = Kabinetsorder.
LVG. = Gesetz über die allgemeine Landesverwaltung vom 30. Juli 1883.
MBl. = Ministerialblatt für die innere Verwaltung.
MinErl. = Ministerialerlaß.
OHG. = Urteil des Reichsoberhandelsgerichts.
OHG.Entsch. = Entscheidungen des Reichsoberhandelsgerichts, herausgegeben von den Räten des Gerichtshofes.
OLG. = Urteil des Oberlandesgerichts.
OR. = Oppenhoff, Rechtsprechung des Königlichen Obertribunals, in Strafsachen.
OTr. = Urteil des Obertribunals.

OTr.Entsch. = Entscheidungen des Königlichen Obertribunals herausgegeben von Mitgliedern des Gerichtshofes.
OVG. = Urteil des Oberverwaltungsgerichts.
OVG.Entsch. = Entscheidungen des Königlichen Oberverwaltungsgerichts, herausgegeben von Mitgliedern des Gerichtshofes.
PolizeiZ. = Zeitschrift für Polizei- und Verwaltungsbeamte.
PV. = Polizeiverordnung.
Recht = Das Recht; Rundschau für den deutschen Juristenstand.
RG. = Urteil des Reichsgerichts.
RGBl. = Reichs-Gesetzblatt.
RGes. = Reichsgesetz.
RGStrafs. = Entscheidungen des Reichsgerichts in Strafsachen, herausgegeben von den Mitgliedern des Gerichtshofes.
RGZ. = Entscheidungen des Reichsgerichts in Zivilsachen, herausgegeben von den Mitgliedern des Gerichtshofes.
Rspr. = Rechtsprechung der Oberlandesgerichte, herausgegeben von Falkmann und Mugdan.
StGB. = Strafgesetzbuch.
StPO. = Reichs-Strafprozeßordnung.
V. = Verordnung.
VerwBl. = Preußisches Verwaltungsblatt.
Vfg. = Verfügung.

Einleitung.

1. Begriff und Organisation der Polizei.

1. Der heutige Begriff der Polizei ist das Ergebnis einer längeren historischen Entwicklung. Im Polizeistaate des 17. und 18. Jahrhunderts war die spezifische Polizeigewalt nicht streng von den übrigen Zweigen der allgemeinen inneren Landesverwaltung gesondert. Sie umfaßte die gesamte innere Staatstätigkeit einschließlich der auf Förderung der Volkswirtschaft und der Erwerbstätigkeit gerichteten staatlichen Wirksamkeit. Infolgedessen kam der polizeilichen Tätigkeit eine übermäßige Bedeutung zu, indem die Obrigkeit alles, was sie für das Gemeinwesen für erforderlich erachtete, nötigenfalls durch Zwangsmaßregeln zu verwirklichen imstande war. Beim Übergange zur neueren Zeit machte sich das Bestreben geltend, die Aufgaben der Polizei einzuschränken und fest zu begrenzen. Vor allem verlangte man, daß die der Polizei eigentümliche, den einzelnen in seiner Handlungsfreiheit beschränkende Zwangsgewalt nur Anwendung finde zur Erhaltung der Sicherheit und Abwehr von Störungen, nicht aber zur positiven Beförderung der allgemeinen Wohlfahrt. Auch das heutige Staatsrecht wird von dem Gedanken beherrscht, das Gebiet der Polizeigewalt auf die Bekämpfung der durch Ereignisse und Rechtsverletzungen herbeigeführten Gefahren für Leben, Gesundheit oder Vermögen zu beschränken, die sie teils vorbeugend teils abwehrend zur Ausführung zu bringen hat (vgl.

KG. 9. März 1905 Jhrb. 30 A. S. 165). Man stellt der die Abwendung von Gefahren bezweckenden Polizeigewalt eine andere nicht mit staatlichem Zwange ausgerüstete auf Förderung der Wohlfahrt gerichtete Verwaltungstätigkeit als Pflege gegenüber, z. B. Gesundheitspflege, Kulturpflege, Wirtschaftspflege usw. Zur unbestrittenen Anerkennung hat es aber der Satz, daß die Aufgaben der Polizei nur auf dem Gebiete der Sicherung und Abwendung von Gefährdung, nicht auf dem der Wohlfahrtspflege liegen, auch heute noch nicht gebracht.[1]

Soweit in Preußen die Polizei als Trägerin des polizeilichen Verordnungsrechts in Betracht kommt, geht die in Theorie und Praxis herrschende Meinung[2] dahin, daß eine die Befugnisse der Polizei im wesentlichen erschöpfend abgrenzende Begriffsbestimmung gegeben ist in § 10 Teil II Tit. 17 ALR., welcher lautet:

„Die nötigen Anstalten zur Erhaltung der öffentlichen Ruhe, Sicherheit und Ordnung, und zur Abwendung der dem Publiko, oder einzelnen Mitgliedern

---

[1] Vgl. einerseits Otto Mayer, Deutsches Verwaltungsrecht, Bd. I, S. 249: „Polizei ist die Staatstätigkeit zur Abwehr von Störungen für die gute Ordnung des Gemeinwesens aus dem Einzeldasein mit obrigkeitlicher Gewalt" und die in Note 13 daselbst zitierten Schriftsteller; andererseits ist nach Rosin, Das Polizeiverordnungsrecht in Preußen, 2. Aufl., S. 130, „Polizei ununterschiedlich die gesamte, auf das Gemeinwohl der Untertanen, ihre Sicherheit und Wohlfahrt gerichtete innere staatliche Verwaltungstätigkeit".

[2] Vgl. namentlich OVG. 14. Juni 1882 Entsch. 9 S. 353, 4. Oktober 1892 Entsch. 23 S. 349; Bez.Ausschuß Arnsberg 25. September 1907 VerwBl. 29 S. 112.

desselben bevorstehenden Gefahr zu treffen, ist das Amt der Polizei."

Die Aufgabe der Polizei in diesem Sinne bildet also nur einen Teil von den in den §§ 2, 3 ALR. II 13 aufgeführten, das ganze staatliche Leben umfassenden Pflichten des Staatsoberhauptes, insbesondere wird die in § 3 bezeichnete Pflicht des Oberhauptes im Staate „für Anstalten zu sorgen, wodurch den Einwohnern Mittel und Gelegenheit verschafft werden, ihre Fähigkeiten und Kräfte auszubilden, und dieselben zur Beförderung ihres Wohlstandes anzuwenden" von dem Beruf der Polizei nicht mitumfaßt. § 10 ALR. II 17 gilt nach der ständigen Rechtsprechung des Oberverwaltungsgerichts und Kammergerichts nicht nur für die landrechtlichen Bezirke, sondern für das ganze Gebiet des Preußischen Staates als fester Grundsatz des Preußischen Verwaltungsrechts.[1]

2. Die Zentralinstanz der allgemeinen Polizeiverwaltung ist der Minister des Innern. Ihm unterstehen alle Zweige der Polizei, soweit sie nicht ausdrücklich anderen Ministerien überwiesen sind. Zum Ressort des Ministers des Innern gehören hiernach die Landes- und Ortspolizei, die höhere politische Polizei, Feuer-, Lebensmittel-, Sitten-, Fremden- und Theaterpolizei, die gewerbliche Polizei hinsichtlich folgender Gewerbe: der Preßgewerbe, der Unternehmer von Tanz- und Fechtschulen, Turn- und Badeanstalten, der Schauspielunternehmer, Pfandleiher, derjenigen, welche mit Schießpulver handeln, welche möblierte Zimmer oder Schlafstellen vermieten, der Lohnlakaien, derer, welche auf öffentlichen Straßen

[1] Jhrb. 26 C S. 40, 30 A S. 165; OVG. 7 S. 389, 15 S. 427, 30 S. 216, 39 S. 392, VerwBl. 26 S. 60, 29 S. 896.

usw. ihre Dienste anbieten, des Kleinhandels mit Getränken, der Gast- und Schankwirtschaft, der Musiker, Equilibristen, Kunstreiter und ähnlicher Gewerbe (Allerh. Erlaß v. 17. März 1852 — GS. S. 83 — und v. 30. Juni 1858 — GS. S. 501); seit der Überweisung der Medizinalverwaltung an das Ministerium des Innern durch Allerh. Erlaß v. 30. November 1910 (GS. S. 21) auch die Gesundheitspolizei. Berg-, Hafen- und Schiffahrtspolizei und den übrigen Teil der Gewerbepolizei verwaltet der Minister für Handel und Gewerbe; landwirtschaftliche Polizei, Forst-, Jagd-, Fischerei- und Veterinärpolizei der Minister für Landwirtschaft, Bau- und Eisenbahnpolizei der Minister der öffentlichen Arbeiten.

Die nächstuntere Polizeibehörde ist der an der Spitze der Provinz stehende Oberpräsident. In den Hohenzollernschen Landen, welche einer Provinz nicht angehören, vielmehr einen Landeskommunalverband für sich bilden, tritt an die Stelle des Oberpräsidenten der zuständige Minister (LVG. § 5). Der Oberpräsident der Provinz Brandenburg ist zugleich Oberpräsident von Berlin (LVG. § 41).

Die Polizeiverwaltung im Regierungsbezirk leitet der an Stelle der aufgehobenen Regierungsabteilung des Innern getretene Regierungspräsident (LVG. § 18). Der Oberpräsident ist nicht mehr Präsident der an seinem Sitze bestehenden Regierung (LVG. § 17). Für den Stadtkreis Berlin tritt an Stelle des Regierungspräsidenten der Polizeipräsident (LVG. § 42 Abs. 2). Der Regierungspräsident ist einerseits Aufsichtsbehörde für die Polizeiverwaltung in den Stadtkreisen und für die dem Landrat obliegenden Geschäfte der Polizeiverwaltung, andererseits ist ihm die Landespolizei übertragen (§ 3 der Verordn.

wegen verbesserter Einrichtung der Provinzial-, Polizei- und Finanzbehörden vom 26. Dezember 1808 — GS. 1806/10 S. 464 —, § 2 der Instruktion zur Geschäftsführung der Regierungen vom 23. Oktober 1817 — GS. S. 248). Den Gegensatz zur Landespolizei bildet die Ortspolizei. Das unterscheidende Merkmal zwischen beiden ist, daß zum Ressort der Landespolizei alle Angelegenheiten gehören, durch deren Wahrnehmung ein über den räumlichen Sprengel des Ortspolizeiverwalters mehr oder minder weit hinausreichender Kreis von Beteiligten berührt wird (vgl. unten § 1 A. 1).

Die Regierungsbezirke sind in Kreise eingeteilt, welche sich gleichmäßig über die Städte und das Land erstrecken; eine Ausnahme macht nur Hohenzollern, welches in vier Oberamtsbezirke eingeteilt ist. Solche Städte, welche eine gewisse Einwohnerzahl erreichen — unter Berücksichtigung der Bevölkerungsverhältnisse ist hierfür in den östlichen Provinzen eine Einwohnerzahl von 25000, in Westfalen von 30000, in der Rheinprovinz von 40000 vorgeschrieben — können aus dem Landkreise ausscheiden und einen besonderen Stadtkreis bilden. Der Landrat — in Hohenzollern tritt an seine Stelle der Oberamtmann (LVG. § 5) — leitet die gesamte Polizeiverwaltung in den Landkreisen. Er ist die Aufsichtsinstanz für die Ortspolizeiverwaltung in den Städten, die nicht einen selbständigen Stadtkreis bilden, und auf dem Lande. In Hannover bildet er auch die Ortspolizeibehörde für die Landgemeinden.

Die Organisation der Ortspolizei endlich, der die Handhabung der örtlichen Polizeiverwaltung obliegt, ist je nach den in den verschiedenen Teilen des preußischen Staates geltenden Gemeinde-Verfassungsgesetzen und

Kreisordnungen eine verschiedene. Regelmäßig ist die Ortspolizeiverwaltung in Stadtgemeinden einem Gemeindebeamten übertragen, welcher sie im Namen des Königs ausübt; in einzelnen größeren Stadtgemeinden wird die Ortspolizei durch besondere Staatsbeamte geführt. Für die Ortspolizeiverwaltung auf dem Lande sind im größten Teil der Monarchie Polizeibezirke gebildet, die mehrere Landgemeinden oder selbständige Güter umfassen und in denen ein zumeist ehrenamtlich angestellter Beamter die Polizei verwaltet. (Vgl. im einzelnen über die Ortspolizeibehörden in Stadtgemeinden und auf dem Lande unter § 1 A. 4.)

Neben diesen Behörden der allgemeinen Polizei gibt es eine Reihe von besonderen Polizeibehörden, denen einzelne Spezialgebiete der Polizeiverwaltung unterstellt sind. Als solche sind zu nennen:

1. Die Eisenbahnpolizeibehörden. Aufgabe der Bahnpolizei ist Schutz der Ordnung und Sicherheit des Betriebs. Zentralinstanz ist der Minister der öffentlichen Arbeiten; unter diesem stehen die Eisenbahndirektionen mit einem Präsidenten als Spitze. Die örtliche Bahnpolizei liegt den Betriebsinspektionen ob.[1]
2. Die Bergpolizeibehörden. Die bergpolizeiliche Aufsicht erstreckt sich auf die Sicherheit der Baue, die Sicherheit des Lebens und der Gesundheit der Arbeiter, die Aufrechterhaltung der guten Sitten und des Anstandes durch die Einrichtung des Betriebs, den Schutz der Oberfläche im Interesse

[1] Allerh. Erlaß v. 15. Dezember 1894 betr. Umgestaltung der Eisenbahnbehörden — GS. 1895 S. 11 — § 10.

der persönlichen Sicherheit und des öffentlichen Verkehrs, den Schutz gegen gemeinschädliche Einwirkungen des Bergbaues (§ 196 d. Allg. Berggesetzes v. 24. Juni 1865 — GS. S. 705 — in der Fassung des Gesetzes v. 24. Juni 1892 — GS. S. 131). Die Spitze bildet der Minister für Handel und Gewerbe. Ihm nachgeordnet sind die Oberbergämter (Allg. Bergges. v. 24. Juni 1865 § 190). Innerhalb der einzelnen Bergreviere üben die Revierbeamten die Bergpolizei aus (ebenda § 189).

3. Die Strom-, Schiffahrts- und Hafenpolizeibehörden. Die oberste Behörde ist in allen Fällen der Minister für Handel und Gewerbe. Von ihm ressortieren entweder unmittelbar besondere mit der Verwaltung dieser Zweige der Polizei beauftragte Behörden, oder es treten die Behörden der allgemeinen Landespolizei ein.[1]

2. Begriff und geschichtliche Entwicklung des Polizeiverordnungsrechtes.

1. Die Polizeiverordnung ist eine von einer Polizeibehörde mit gesetzlicher Kraft erlassene Rechtsnorm, deren Übertretung mit öffentlicher Strafe bedroht ist. In ihrer Eigenschaft als Polizeiverordnung ist sie

---

[1] Vgl. hierzu Allerh. Erl. v. 12. Dezember 1888 — MBl. 1889 S. 23 — und Allg. Vfg. v. 22. Januar 1889 — MBl. S. 24 —; Allerh. Erl. v. 3. März 1896, ergänzt durch Allerh. Erl. v. 24. April 1897, — MBl. 1897 S. 110 — und Allg. Vfg. v. 24. März 1897; Allerh. Erl. v. 16. März 1903 (GS. S. 173) und 18. Juni 1908 (GS. S. 1909 S. 172); v. 3. November 1902 (GS. 1903 S. 172); v. 29. Juli 1908 (GS. S. 191).

zu unterscheiden von dem allgemeinen Begriff der Rechtsverordnung — Gegensatz: Verwaltungsverordnung — d. h. von allen denjenigen vom Staatsoberhaupte oder von einer zuständigen Behörde oder einem zuständigen Beamten erlassenen Vorschriften, welche zwar auch Rechtsnormen mit allgemein verbindlicher Kraft aufstellen, aber nicht Ausfluß der Polizeigewalt sind. Solche Verordnungen, die nicht Polizeiverordnungen sind, finden wir im Reichsstaatsrecht als Kaiserliche Verordnungen (z. B. auf Grund des § 6 Abs. 2 GewO., § 145 StGB.) und Verordnungen des Bundesrats; auch das Preußische Staatsrecht kennt sie, so namentlich die auf Grund des Art. 45 der Verfassungsurkunde vom Könige oder gemäß einer Delegation desselben von einer Behörde oder einem Beamten, insbesondere einem Minister, erlassenen Verordnungen zur Ausführung von Gesetzen. Der Begriff der Polizeiverordnung ist sodann zu scheiden von dem der polizeilichen Verfügung und der polizeilichen Strafverfügung. Die polizeiliche Verfügung stellt nicht wie die Polizeiverordnung allgemein gültige Normen auf, sondern regelt nur den Einzelfall; die von ihr angedrohten Strafen sind keine kriminellen, sondern Exekutivstrafen zur Erzwingung der für den Einzelfall getroffenen Anordnung. Die polizeiliche Strafverfügung ist eine bei Übertretungen zulässige mit Vorbehalt der Anrufung des ordentlichen Richters ergehende strafrechtliche Entscheidung im Verwaltungswege (Gesetz vom 23. April 1883 GS. S. 65).

Neben der Polizeiverordnung im eigentlichen Sinne, der Polizeistrafverordnung, sind als Sonderart genereller polizeilicher Maßnahmen zu unterscheiden polizeiliche „Anordnungen", „Verordnungen", welche zur Ausfüllung oder Ergänzung eines vom Gesetz bereits mit Strafe bedrohten Tatbestandes — vgl. z. B. § 360 Nr. 12, § 361 Nr. 6, §§ 365, 366 Nr. 1, § 367 Nr. 2, § 368 Nr. 1 und 2 StGB., § 46 des Feld- und Forstpolizeigesetzes, § 21 d. RGes. v. 3. Mai 1909 über den Verkehr mit Kraftfahrzeugen (RGBl. S. 437), § 3 AG. z. Viehseuchengesetz v. 25. Juli 1911 (GS. S. 149) usw. — ergehen, ohne an die für Polizeiverordnungen maßgebenden allgemeinen Vorschriften, namentlich über Form und Verkündungsart, gebunden zu sein.[1]

Ob das die Strafandrohung aufstellende Gesetz zur Ergänzung seiner unvollständigen Norm eine Polizeiverordnung im engeren Sinne oder nur überhaupt eine polizeiliche Vorschrift der örtlich und für Angelegenheiten der fraglichen Art sachlich zuständigen Polizeibehörde voraussetzt, läßt sich nicht allgemein, sondern nur für den einzelnen Fall entscheiden, indem nach Entstehungsgeschichte und Fassung des Gesetzes zu prüfen ist, ob dasselbe sein notwendiges Supplement, die polizeiliche Vorschrift, den landesgesetzlichen Normen über Polizeistraf-

---

[1] OTr. 8 und 21. Februar 1877 OR. 18 S. 112 u. 146, OVG. 6. Februar 1879 Entsch. 5 S. 381, MinErl. v. 23. März 1906 MBl. S. 181 (dagegen OLG. Breslau 8. Januar 1892 GA. 39 S. 384; MinErl. v. 8. November 1872 MBl. S. 334); vgl. ferner hinsichtlich des § 361 Nr. 6 StGB. OLG. Stettin v. 11. Dezember 1896 GA. 45 S. 293 u. 23. November 1894 GA. 42 S. 422, OLG. Kassel v. 27. April 1904 GA. 51 S. 415, OVG. 13. Dezember 1898 VerwBl. 20 S. 250; hinsichtlich des § 368 Nr. 2 StGB. KG. 1. November 1900 Jhrb. 20 C S. 103; hinsichtlich des § 365 StGB. KG. 21. Juni 1888 Jhrb. 8 S. 147, 18. Januar 1892 Jhrb. 12 S. 169, 18. Januar 1897 DJZ. 1897 S. 226, 18. Januar 1900 DJZ. 00 S. 279.

verordnungen unterstellen oder hiervon unabhängig machen wollte.[1]

Die Polizeiverordnung ist ebenso wie das Gesetz Ausfluß eines Staatshoheitsrechts, der gesetzgebenden Gewalt. Dem Angriff im Rechtswege ist sie deshalb entzogen; wer sich durch eine Polizeiverordnung in seinen Rechten beeinträchtigt glaubt, kann sich nur mit dem Gesuch um Aufhebung an die der Polizeibehörde, von der die Polizeiverordnung ausgeht, vorgesetzte Behörde wenden (vgl. unten §§ 9, 16). Immerhin findet aber insoweit eine richterliche Prüfung der Polizeiverordnungen statt, als der Richter im Falle der Zuwiderhandlung gegen eine Polizeiverordnung zwar nicht ihre Notwendigkeit und Zweckmäßigkeit, wohl aber ihre gesetzliche Gültigkeit zu prüfen hat, insbesondere ob sich die Polizeibehörde bei ihrem Erlasse innerhalb der ihr durch die Gesetze vorgeschriebenen Grenzen gehalten hat (vgl. § 17).

2. Im absoluten Staate Preußen war das Recht, Polizeiverordnungen zu erlassen, ebenso wie das Gesetzgebungsrecht ausschließlich dem Könige vorbehalten. § 6 ALR. II 13 bestimmte: „Das Recht, Gesetze und allgemeine Polizeiverordnungen zu geben, dieselben wieder aufzuheben, und Erklärungen darüber mit gesetzlicher Kraft zu erteilen, ist ein Majestätsrecht." Bei der Re-

[1] Unberührt von obigen Erörterungen bleibt natürlich die Frage, ob ein Blankettstrafgesetz zu seiner Ausfüllung überhaupt eine generelle Anordnung voraussetzt oder ob eine spezielle für den einzelnen Fall an eine bestimmte Person gerichtete Anordnung genügt. Welcherlei qualifizierte Polizeibestimmung im einzelnen Fall vorausgesetzt wird, ist jedesmal aus Sinn und Tendenz des Strafgesetzes zu ermitteln — KG. 16. März 1893 Jhrb. 14 S. 398, OLG. Breslau 8. Januar 1892 GA. 39 S. 384.

organisation der Verwaltung zu Beginn des 19. Jahrhunderts begann man dieses Majestätsrecht, wenn auch zunächst nur in sehr bescheidenem Umfange, den Verwaltungsbehörden zu übertragen. Die Verordnung wegen verbesserter Einrichtung der Provinzial-, Polizei- und Finanzbehörden vom 26. Dezember 1808 (GS. 1806—10 S. 464) enthält die Bestimmung (§§ 40, 45), daß die Regierungen berechtigt sein sollten, in Polizei- und Landesangelegenheiten Publikanda zu erlassen, hierzu jedoch jedesmal die Genehmigung der höheren Polizeibehörde haben müßten; auch durften darin keine härteren Strafen, wie in den Gesetzen festgesetzt waren, angedroht werden. Demnächst schrieb die Instruktion zur Geschäftsführung der Regierungen vom 23. Oktober 1817 (GS. S. 248) im § 11 vor:

„Allgemeine Verbote und Strafbestimmungen dürfen sämtliche Regierungen nicht ohne höhere Genehmigung erlassen, es sei denn, daß das Verbot an sich schon durch ein Gesetz feststeht, in letzterem aber die Strafe nicht ausdrücklich bestimmt ist. In diesem Falle können sie innerhalb der Grenzen des ALR. Teil II Tit. 20 §§ 33, 35 und 240 die Strafe bestimmen und bekannt machen.[1]

Auch steht ihnen ohne Anfrage frei, schon bestehende Vorschriften von neuem in Erinnerung zu bringen und bekannt zu machen."

[1] Vgl. über den Mangel eines die Verbotsnorm enthaltenden Gesetzes hinsichtlich einer Polizeiverordnung aus dem Jahre 1838, welche Schankwirten die Verabreichung geistiger Getränke an Angetrunkene untersagt, KG. 19. Mai 1904 DJZ. 04 S. 653. Das im Gesetz enthaltene Verbot muß kriminellen Charakter besitzen KG. 12. Dezember 1910 Jhrb. 40 C S. 439.

Das nach § 35 ALR. II 20 zulässige Strafmaß war 50 Tlr. oder sechs Wochen Gefängnis.[1] Das im § 11 statuierte Recht der Regierungen, Strafvorschriften zu erlassen in Fällen, wo ein Verbot an sich schon durch ein Gesetz feststeht (sogenannte Anschluß- oder Ausführungsverordnungen), ist durch die spätere Gesetzgebung nicht völlig beseitigt und auch heute noch namentlich für die Regelung der Schulpflicht und Bestrafung der Schulversäumnisse gemäß §§ 43 bis 48 ALR. II 12 und der Allerh. Kabinettsorder vom 14. Mai 1825 (GS. S. 149) von Bedeutung (vgl. unten Vorbem. zu § 6 unter V).[2]

Über die Art der Publikation polizeilicher Verordnungen der Kreis- und Lokalpolizeibehörden, welche auf Grund einer entsprechenden Anwendung der Bestimmungen der Regierungsinstruktion vom 23. Oktober 1817 das Verordnungsrecht unter Genehmigung der Bezirksregierung handhabten, erging die Allerh. Kabinettsorder vom 8. Februar 1840 (GS. S. 32); dieselbe legte den Regierungen die Befugnis bei, innerhalb ihrer Verwaltungsbezirke hierüber verbindliche Bestimmungen zu treffen, das Polizeipräsidium in Berlin sollte jedoch vor Erlaß solcher Bestimmungen die Genehmigung des Ministers des Innern einholen. Auch die Ministerien erklärte der

[1] Ob für die vor Erlaß des Gesetzes vom 11. März 1850 mit ministerieller Genehmigung ergangenen Regierungsverordnungen die ausdrückliche Erwähnung dieser Genehmigung in der Verordnung Bedingung der Gültigkeit war, ist streitig; das Obertribunal hat die Frage bejaht in der Entscheidung vom 3. Dezember 1868 (OR. 9 S. 690), verneint in der Entscheidung vom 15. März 1877 (OR. 18 S. 211).

[2] Vgl. KG. 26. September 1904 Jhrb. 28 C S. 64, 14. Juni 1906 Jhrb. 33 C S. 52, 30. Mai 1907 DJZ. 07 S. 718.

Staatsministerialbeschluß vom 7. Januar 1845 (JMBl. S. 34; MBl. S. 40) unter Berufung auf §§ 40, 45 der Verordnung vom 26. Dezember 1808 und § 11 der Regierungsinstruktion vom 23. Oktober 1817 für ermächtigt, in Ausübung des im § 6 ALR. II 13 gedachten Majestätsrechts „polizeiliche Anordnungen und Strafbestimmungen innerhalb der Grenzen der polizeilichen Strafgewalt zu erlassen".[1]

Nachdem durch die Verfassung der Grundsatz anerkannt war, daß Strafen nur in Gemäßheit des Gesetzes angedroht und verhängt werden können, und die Zustimmung der Volksvertretung zum Erlaß der Gesetze notwendig geworden war, ergab sich das unabweisbare Bedürfnis, für die allgemeine Regelung solcher Materien, welche nicht in gleicher Weise den ganzen Staat, sondern nur örtlich begrenzte Bezirke betreffen, durch Unterbehörden eine gesetzliche Grundlage zu schaffen. Dies ist geschehen durch das Gesetz über die Polizeiverwaltung vom 11. März 1850 (GS. S. 265). Vorbildlich waren einige ältere in der Rheinprovinz geltenden Gesetze. In der Rheinprovinz war den Verwaltungs- und Gemeindebehörden bereits durch die Gesetze vom 16. August 1790 und 19. Juli 1791 rücksichtlich bestimmter Materien die Befugnis zum Erlaß von Polizeiverordnungen mit Strafandrohung eingeräumt (vgl. auch Rheinisches Ressortreglement vom 20. Juli 1818 §§ 32 und 33).[2] Der Ent-

[1] Wenn den Ministern hiernach rechtsgültig ein Verordnungsrecht beigelegt war, so ist dieses Recht jedenfalls mit dem Inkrafttreten der Verfassung und des Gesetzes vom 11. März 1850 wieder erloschen, KG. 29. Juni 1893 GA. 41 S. 447.

[2] Über das Verhältnis des § 33 d. Rheinischen Ressortregle-

wurf des Gesetzes vom 11. März 1850 wurde den Kammern ohne Motive vorgelegt; seine Materialien beschränken sich, abgesehen von den ministeriellen Vorarbeiten[1], auf die Drucksachen und stenographischen Berichte der ersten und zweiten Kammer[2].

Das Gesetz ist für den damaligen Umfang der Monarchie erlassen. In den durch Gesetz vom 12. März 1850 dem preußischen Staate einverleibten Hohenzollernschen Fürstentümern ist das Gesetz nicht verkündet worden, gilt jedoch nach einem Urteile des früheren preußischen Obertribunals vom 29. April 1858[3] auch hier, weil die für diese Lande ergangene Organisationsverordnung vom 7. Januar 1852 die Regierungsinstruktion vom 23. Oktober 1817 mit den zu derselben ergangenen erläuternden, ergänzenden und abändernden Bestimmungen, wozu auch das Gesetz vom 11. März 1850 gehört, als Verwaltungsnorm aufstellt. Übrigens nimmt das auch für Hohenzollern geltende Gesetz über die allgemeine Landesverwaltung vom 30. Juli 1883 mehrfach auf das Gesetz vom 11. März 1850 ausdrücklich Bezug, so daß sich auch hieraus seine Geltung in Hohenzollern ergibt. In das durch Patent vom 5. November 1854 einverleibte Jadegebiet ist das

---

ments zum Gesetz vom 11. März 1850 vgl. KG. 10. April 1905 Jhrb. 29 C S. 70.

[1] Veröffentlicht von Rosin, Das Polizeiverordnungsrecht in Preußen, 2. Aufl., im Anhang.

[2] Drucksachen der ersten Kammer Nr. 481, 501, 528, stenographische Berichte S. 2315—2340, 2447—2449; Drucksachen der zweiten Kammer Nr. 552, 561, stenographische Berichte S. 3223 bis 3230.

[3] Mitgeteilt bei Oppenhoff, Komm. z. StGB. Anm. 28 zu Abschnitt 29.

Gesetz eingeführt durch Gesetz vom 24. Januar 1859 (GS. S. 72). In den 1866 erworbenen Landesteilen — dem Königreich Hannover, Kurfürstentum Hessen, Herzogtum Nassau, der freien Stadt Frankfurt (Gesetz vom 20. September 1866), den Herzogtümern Holstein und Schleswig (Ges. vom 24. Dezember 1866) und einigen ehemals bayrischen und Großherzoglich hessischen Gebietsteilen (Gesetz vom 24. Dezember 1866) mit Ausnahme des vormals hessen-homburgischen Oberamtsbezirks Meisenheim und der vormals bayrischen Enklave Kaulsdorf — gilt die im wesentlichen mit dem Gesetz vom 11. März 1850 übereinstimmende Verordnung vom 20. September 1867 (GS. S. 1529). Dagegen ist in die vorbezeichneten Bezirke Meisenheim und Kaulsdorf durch Verordnung vom 20. September 1867 (GS. S. 1534) bzw. 22. Mai 1867 (GS. S. 729) das Gesetz vom 11. März 1850 formell eingeführt. In dem durch Gesetz vom 23. Juni 1876 mit der Monarchie vereinigten Herzogtum Lauenburg gilt das Lauenburgische Gesetz vom 7. Januar 1870 (Offizielles Wochenblatt S. 13), das ebenfalls im wesentlichen mit dem Gesetz vom 11. März 1850 übereinstimmt. Die für die 1866 erworbenen Provinzen gültige Verordnung vom 20. September 1867 gilt auch für den jüngsten Zuwachs Preußens, die Insel Helgoland, nach § 4 des Gesetzes vom 18. Februar 1891 (GS. S. 11).

Eine wesentliche Ergänzung hat das Polizeiverordnungsrecht durch den sechsten Titel (§§ 136 bis 145) des Gesetzes über die allgemeine Landesverwaltung vom 30. Juli 1883 (GS. S. 195) erfahren, nachdem schon früher für die sechs östlichen Provinzen der Monarchie die Kreisordnung, die Provinzialordnung, und das Gesetz, betr. die Zuständigkeit der Verwaltungsbehörden und der

Verwaltungsgerichtsbehörden, vom 26. Juni 1876 (GS. S. 297) Ergänzungen gebracht hatten. Das Gesetz vom 30. Juli 1883 ist an die Stelle des Gesetzes über die Organisation der allgemeinen Landesverwaltung vom 26. Juli 1880 (GS. S. 291) getreten und gilt, nachdem alle Provinzen entsprechende Kreis- und Provinzialordnungen erhalten haben, jetzt für den Umfang der Monarchie.

Neben diesen das Polizeiverordnungsrecht im allgemeinen regelnden Rechtsvorschriften, welche zwar für die verschiedenen Teile des Preußischen Staates aus verschiedenen Quellen entsprungen sind, aber doch ein im wesentlichen einheitliches Recht der gesamten Monarchie bilden, bestehen bezüglich einzelner abgeschlossener Rechtsmaterien noch besondere gesetzliche Ermächtigungen zum Erlasse von Polizeiverordnungen. Im Reichsrecht finden sich solche Ermächtigungen namentlich in der Gewerbeordnung (z. B. in §§ 28, 37, 69, 120e — vgl. unten §§ 12, 6b, c und a). Auf dem Gebiete des preußischen Landesrechts kommen namentlich in Betracht die Allerh. Kabinettsorder vom 7. Februar 1837 (GS. S. 19), betr. die äußere Heilighaltung der Sonn- und Festtage, und das die gleiche Materie betreffende Gesetz vom 9. Mai 1892 (GS. S. 107) für Schleswig-Holstein, Hannover, Hessen-Nassau und Hohenzollern (vgl. unten § 12), das Gesetz, betreffend die Erleichterung des Lotsenzwanges in den Häfen und Binnengewässern der Provinzen Preußen und Pommern, vom 9. Mai 1853 (GS. S. 216 — vgl. Vorbem. zu §§ 11—14), das Allgemeine Berggesetz vom 24. Juni 1865 in der Fassung der Novellen vom 24. Juni 1892 und 18. Juni 1907 (GS. 1865 S. 705, 1892 S. 131, 1907 S. 119 — vgl. ebenda), § 19 des Fischereigesetzes vom 30. Mai 1874 (GS. S. 197 — vgl. unten § 6a), einzelne Bestimmungen des Feld- und Forstpolizeigesetzes vom 1. April 1880 (GS. S. 230 — vgl. unten § 6h), das Gesetz gegen die Verunstaltung landschaftlich hervorragender Gegenden vom 2. Juni 1902 (GS. S. 159 — vgl. unten § 12) und das Gesetz, betr. die Befugnis der Polizeibehörden zum Erlasse von Polizeiverordnungen über die Verpflichtung zur Hilfeleistung bei Bränden, vom 21. Dezember 1904 (GS. S. 291 — vgl. unten § 6g).

Gesetz über die Polizeiverwaltung.

Vom 11. März 1850 (GS. S. 265).

Vorbemerkung: Über den Geltungsbereich des Gesetzes, sowie den der V. vom 20. September 1867 (GS. S. 1529) und des Lauenburgischen Gesetzes vom 7. Januar 1870 (Offizielles Wochenblatt S. 13) vgl. Einleitung II 2 S. 21 ff. Soweit die vorbezeichnete V. und das Lauenburgische Gesetz Abweichungen von dem Gesetz vom 11. März 1850 aufweisen, sind diese Abweichungen unmittelbar hinter den entsprechenden Paragraphen des Gesetzes vom 11. März 1850 hervorgehoben. Die §§ 136—145 des Gesetzes über die allgemeine Landesverwaltung vom 30. Juli 1883 (GS. S. 195), dessen Geltungsbereich sich auf die ganze Monarchie erstreckt, sind als Zusätze zu den Paragraphen des Gesetzes vom 11. März 1850 aufgenommen; vgl. Zusatz zu §§ 5, 9, 16 und Vorbemerkung zu §§ 11—14. Die neben diesen allgemeinen Vorschriften geltenden gesetzlichen Sonderbestimmungen (vgl. Einleitung II 2 S. 23) sind in den Anmerkungen behandelt.

§ 1. Die örtliche Polizeiverwaltung[1] wird von den nach den Vorschriften der Gemeindeordnung[2] dazu bestimmten Beamten (Bürgermeistern, Kreisamtmännern, Oberschulzen) im Namen des Königs[3] geführt[4] — vorbehaltlich der im § 2 des gegenwärtigen Gesetzes vorgesehenen Ausnahme.

Die Ortspolizeibeamten sind verpflichtet, die ihnen von der vorgesetzten Staatsbehörde in Polizeiangelegenheiten erteilten Anweisungen zur Ausführung zu bringen.

Jeder, der sich in ihrem Verwaltungsbezirke aufhält, oder daselbst ansässig ist, muß ihren polizeilichen Anordnungen Folge leisten.

V. v. 20. September 1867: § 1 Abs. 1: Die örtliche Polizeiverwaltung wird von den nach den Vorschriften der Gesetze hierzu bestimmten oder berufenen Behörden und Beamten im Namen des Königs geführt. Abs. 2 u. 3 wie im Ges. v. 11. März 1850.

Lauenb. Ges. § 1 Abs. 1 Satz 1 u. 2: Die örtliche Polizeiverwaltung wird von den nach den bestehenden Vorschriften hierzu berufenen und bestimmten Behörden, in den vier Amtsbezirken von Unseren Beamten, in den Gutsdistrikten von dem Gutsherrn, in den drei Städten von den Vorständen der Magistrate in Unserem Namen geführt. In den Städten kann die Verwaltung der Ortspolizei mit Genehmigung der Regierung auch einem anderen Magistratsmitgliede übertragen werden.

Satz 3 wie Abs. 2, Abs. 2 wie Abs. 3 des Ges. vom 11. März 1850.

§ 2. Die zufolge § 1 zur Verwaltung der Polizei berufenen Gutsherren üben die Polizeiverwaltung in Person oder durch dazu qualifizierte Stellvertreter aus. Dieselben sind verpflichtet, einen Stellvertreter zu bestellen, wenn entweder die Ausdehnung des Polizeidistrikts dieses erforderlich macht oder wenn sie aus einem in ihrer Person liegenden Grunde an der ordnungsmäßigen Ausübung der Polizeiverwaltung behindert sind.

Jede Bestellung eines Vertreters ist unverzüglich der Regierung anzuzeigen, welche, wenn sie in betreff der Qualifikation des letzteren nichts zu erinnern findet, dessen Beeidigung anordnet, nichtqualifizierte Stellvertreter aber zurückweist. Gegen die Zurückweisung ist dem Gutsherrn der Rekurs an Unseren Minister für Lauenburg vorbehalten.

§ 3. Wenn einzelne Teile einer Ortschaft verschiedenen Ortsobrigkeiten unterworfen sind, ist einer derselben die Polizeiverwaltung über die ganze Ortschaft von der Regierung zu übertragen.

1. Den Gegensatz zur Ortspolizei bildet die Landespolizei. Für ihre beiderseitige Abgrenzung ist zunächst maßgebend, ob die polizeilich zu schützenden Gemeininteressen solche der nachbarlichen örtlichen Gemeinschaften sind, oder ob sie über diese räumliche Beschränkung hinaus in weiteren Kreisen, vielleicht als unmittelbar einheitliche Interessen des Staates hervortreten. Daneben ist für die Abgrenzung aber auch ein formales Moment entscheidend, indem durch positive Normen Gemeininteressen der ersteren Art dennoch zu solchen der Landes- und die der letzteren Art zu solchen der Ortspolizei erklärt worden sind. OVG. 6. Januar 1894 Entsch. 26 S. 85, vgl. ferner OTr. 7. März 1877 GA. 25 S. 251, OVG. 13. Dezember 1890 Entsch. 20 S. 422, 5. April 1893 Entsch. 24 S. 409, 18. März 1898 VerwBl. 20 S. 90, 21. Februar 1899 VerwBl. 20 S. 548, 9. Juni 1899 VerwBl. 21 S. 206, 5. März 1909 VerwBl. 30 S. 797, RG. 21. Januar 1908 Recht 08 S. 210. Meeresdünen und Meeresufer sind von der Zuständigkeit der Ortspolizeibehörde nicht ausgeschlossen, OVG. 30. Juni 1904 Entsch. 46 S. 310, 5. Dezember 1907 VerwBl. 29 S. 392. Über örtliche Grenzen der Zuständigkeit der Ortspolizeibehörden vgl. OVG. 5. Mai 1877 Entsch. 2 S. 399.

Von dem Wirkungskreis der Ortspolizei sind ausgenommen:

a) Die Eisenbahnpolizei (vgl. Einleitung I 2 S. 13). Über ihre Zuständigkeit in der Begrenzung gegen diejenige der Ortspolizeiverwaltung vgl. OVG. Entsch. 9 S. 241, 23 S. 369, 32 S. 219. Über das eisenbahnpolizeiliche Verordnungsrecht vgl. Vorbemerkung zu §§ 11—14.

b) Die Bergpolizei (vgl. Einleitung I 2 S. 13). Über das bergpolizeiliche Verordnungsrecht vgl. Vorbemerkung zu §§ 11—14.

c) Die Strom-, Schiffahrts- und Hafenpolizei (vgl. Einleitung I 2 S. 14 und OVG. 20. November 1902 Entsch. 42 S. 233, RG. 21. Januar 1908 Recht 08 S. 210, 10. Dezember 1908 Recht 09 S. 113). Für den Schutz des Flößereiverkehrs auf Privatflüssen ist die Ortspolizeibehörde, nicht die Strom- und Schiffahrtspolizeibehörde zuständig OVG. 10. Mai 1906 Entsch. 49 S. 267. Über das hierauf bezügliche Verordnungsrecht vgl. Vorbemerkung zu §§ 11—14.

d) Die Chausseepolizei, welche dem Landrat zusteht KG. 6. Februar 1902 Jhrb. 23 C S. 29, jedoch nicht in den zu einem Landkreis gehörigen Städten, OVG. 14. März 1898 Entsch. 33 S. 279, 28. November 1907 VerwBl. 29 S. 478; vgl. auch OVG. 25. November 1889 Entsch. 18 S. 390, 25. November 1901 Entsch. 40 S. 434, 14. November 1902 Entsch. 42 S. 436, KG. 3. März 1904 Jhrb. 27 C S. 10. Die Chausseebaupolizei verwaltet der Regierungspräsident OVG. 9. Juni 1898, 28. Febr. 1901, 3. Febr. 1902 Entsch. 34 S. 264, 39 S. 244, 41 S. 229, 17. Mai 1909 DJZ. 1910 S. 150, 27. Juni 1910 VerwBl. 32 S. 599.

e) Die Jagdpolizei, welche im Geltungsbereiche der Jagdordnung vom 15. Juli 1907 (GS. S. 207) dem Landrat zusteht (§ 69).

f) Die Deichpolizei, vgl. das Deichgesetz vom 28. Januar 1848 (GS. S. 54), Allerh. Erlaß vom 14. November 1853 (GS. S. 935), über die Grenzen gegenüber der Ortspolizei OVG. 8. Oktober 1885 Entsch. 12 S. 321, über die sachliche Zuständigkeit zur Handhabung der Deichpolizei in der Provinz Hannover OVG. 4. Juni 1888 Entsch. 16 S. 331, 5. März 1910 Entsch. 57 S. 397.

g) Die Fischereipolizei, wenn dafür besondere Beamte angestellt sind — Fischereigesetz vom 30. Mai 1874 (GS. S. 197) § 46.

Der Erlaß der zur Erhaltung der äußeren kirchlichen Ordnung erforderlichen Vorschriften steht dem Regierungspräsidenten als Landespolizeibehörde zu, OVG. 23. November 1900 Entsch. 38 S. 435, 30. November 1906 Entsch. 50 S. 238. Neben der Zuständigkeit der Landespolizeibehörde kann die der Ortspolizeibehörde begründet sein, wenn mit der zu beseitigenden Störung der äußeren kirchlichen Ordnung eine allgemeine Gefährdung der öffentlichen

Ruhe, Sicherheit und Ordnung verbunden ist, OVG. 20. Mai 1904 VerwBl. 26 S. 427, 18. Oktober 1904 VerwBl 26 S. 904: vgl. auch OVG. 1. Februar 1904 Entsch. 45 S. 409, 2. April 1909 Entsch. 54 S. 180.

2. Das ganze Gesetz sowie auch die nachfolgende Parenthese bezieht sich auf die Gemeindeordnung für den preußischen Staat vom 11. März 1850 (GS. S. 213); diese Gemeindeordnung ist bereits durch Gesetz vom 24. Mai 1853 (GS. S. 238) wieder aufgehoben. Maßgebend sind jetzt die in den einzelnen Teilen der Monarchie verschiedenen Gemeindeverfassungsgesetze und Kreisordnungen. Es trifft deshalb § 1 auf die jetzt bestehenden Verhältnisse insoweit nicht mehr durchgehends zu, da nach diesen abweichend von den Bestimmungen der Gemeindeordnung vom 11. März 1850 die Verwaltung der Ortspolizei auch einer kollegialischen Behörde zustehen kann, KG. 19. Januar 1899 Jhrb. 19 S. 225, vgl. auch unten A. 4.

3. Die Handhabung der Polizeiverwaltung ist ein durch positive Gesetzesnormen den Kommunalbeamten übertragenes Geschäft der allgemeinen Landes-, jedoch nicht ein solches der Kommunalverwaltung, keine Gemeindeangelegenheit im Sinne des § 7 des Zuständigkeitsgesetzes vom 1. August 1883, OVG. 26. November 1890 Entsch. 20 S. 65. Die Beamten der Selbstverwaltung üben bei Handhabung der Polizeigewalt eine Amtsbefugnis aus, die sich aus der staatlichen Polizeigewalt herleitet, RG. JW. 04 S. 233 Nr. 8, Recht 1910 S. 450, KG. Rspr. 12 S. 176.

4. Zu unterscheiden ist zwischen Ortspolizeibehörden in Stadtgemeinden und auf dem Lande.

a) In den Städten bildet die Ortspolizeibehörde:

in Ost- und Westpreußen, Posen, Pommern (mit Ausnahme von Neuvorpommern und Rügen), Brandenburg, Schlesien und Sachsen (Städteordnung v. 30. Mai 1853 — GS. S. 261 — § 62), in Westfalen (Städteordnung v. 19. März 1856 — GS. S. 237 — § 62), in Schleswig-Holstein (Ges. betr. die Verfassung und Verwaltung der Städte und Flecken v. 14. April 1869 — GS. S. 589 — § 89) und Lauenburg (EG. der Schleswig-Holsteinischen Städteordnung v. 16. Dezember 1870), in der Rheinprovinz (Städteordnung v. 15. Mai 1856 — GS. S. 406 — § 57), in Hessen-Nassau (Städteordnung v. 4. August 1897 — GS. S. 254 — § 67), in Hohenzollern (Gemeineordnung v. 2. Juli 1900 — GS. S. 189 — § 71) der Bürgermeister oder ein anderes Magistrats-(Gemeinderats-)Mitglied;

in Hannover (Revidierte Städteordnung v. 24. Juni 1858 — Hann. GS. S. 141 — §§ 71, 78) der Magistrat ein Magistratsmitglied oder eine besondere Städtische Polizeidirektion;

in Neuvorpommern und Rügen (Ges. v. 31. Mai 1853 — GS. S. 291 — § 3) besteht für jede Stadt ein besonderer Stadtrezeß, welcher auch die Zuständigkeit hinsichtlich der Ortspolizeiverwaltung regelt, vgl. KG. 19. Januar 1899 Jhrb. 19 S. 225.

Über Königliche Polizeiverwaltungen vgl. § 2.

b) Auf dem Lande bildet die Ortspolizeibehörde:

in Ost- und Westpreußen, Pommern, Schlesien, Brandenburg und Sachsen (Kreisordnung vom 13. Dezember 1872 in d. Fassung v. 19. März 1881 — GS. S. 179 — § 59), in Schleswig-Holstein und Lauenburg (Kreisordn. v. 26. Mai 1888 — GS. S. 139 — § 51) der Amtsvorsteher;

in Posen (Allerh. KO. v. 10. Dezember 1836 — Kamptz, Annalen XX S. 943) der Distriktskommissar (vgl. auch § 5 A. 1);

in Westfalen (Landgemeindeordn. v. 19. März 1856 — GS. S. 265 — § 74, Kreisordn. v. 31. Juli 1886 — GS. S. 217 — § 29) der Amtmann;

in Hohenzollern (Gemeindeordn. v. 2. Juli 1900 — GS. S. 189 — § 71), der Rheinprovinz (Gemeindeordnung v. 23. Juli 1845 — GS. S. 523 — § 108, Kreisordn. v. 30. Mai 1887 — GS. S. 209 — § 28) und in Hessen-Nassau (Kreisordn. v. 7. Juni 1885 — GS. S. 193 — §§ 27, 28; Landgemeindeordn. v. 4. August 1897 — GS. S. 301 — § 63) der Bürgermeister der Gemeinde bzw. des Bürgermeisterbezirks; in den selbständigen Gutsbezirken im Regierungsbezirk Kassel der Gutsvorsteher (§ 95 d. Landgemeindeordnung);

in Hannover (Kreisordn. v. 6. Mai 1884 — GS. S. 181 — §§ 24, 25) der Landrat (im Kreise Hadeln bleibt die Zuständigkeit der Kirchspielsgerichte nach Maßgabe der V. v. 1. September 1852 — Hann. GS. S. 339 — unberührt — § 29 d. Kreisordn. OVG. 5. März 1910 Entsch. 57 S. 397);
in Helgoland der Landrat (§ 4 des G. v. 18. Februar 1891 — GS. S. 11).

§ 2. In Gemeinden, wo sich eine Bezirksregierung, ein Land-, Stadt- oder Kreisgericht befindet, sowie in Festungen und in Gemeinden von mehr als 10000 Einwohnern, kann die örtliche Polizeiverwaltung durch Beschluß des Ministers des Innern besonderen Staatsbeamten übertragen werden.[1] Auch in anderen Gemeinden kann aus dringenden Gründen dieselbe Einrichtung zeitweise eingeführt werden.[2]

V. v. 20. September 1867: § 2. Soweit nach der in den neu erworbenen Landesteilen bestehenden Gesetzgebung[3] der Staatsregierung die Befugnis vorbehalten ist, die örtliche Polizeiverwaltung in einer Gemeinde oder in einem Bezirke einer besonderen Staatsbehörde oder einem besonderen Staatsbeamten zu übertragen, ist diese Befugnis von dem Minister des Innern auszuüben. In Gemeinden, in welchen die örtliche Polizeiverwaltung durch eine Staatsbehörde oder einen besonderen Staatsbeamten geführt wird, ist der Minister des Innern befugt, einzelne Zweige der örtlichen Polizeiverwaltung den Gemeinden zur eigenen Verwaltung unter Aufsicht des Staats zu überweisen. Für die den Gemeinden zur eigenen Verwaltung überwiesenen Zweige der örtlichen Polizeiverwaltung stehen die in dieser Verordnung den Ortspolizeibehörden eingeräumten Befugnisse der Gemeindebehörde oder dem Gemeindebeamten zu, welchem mit Genehmigung der Bezirksregierung die betreffenden Geschäfte übertragen worden sind.

1. Die Befugnis des Ministers des Innern, die sachliche Zuständigkeit Königlicher Polizeibehörden und Städtischer Polizeiverwaltungen abzugrenzen, kann nicht auf eine andere Behörde delegiert werden, OVG. 1. April 1901 Entsch. 39 S. 368.

2. Nach dem Ges. v. 19. Juli 1911 (GS. S. 147) kann in den Regierungsbezirken Düsseldorf, Arnsberg und Münster der Minister des Innern nach Anhörung des Kreisausschusses mit Zustimmung des Provinzialrats auch in solchen Gemeinden und Gutsbezirken, bei denen die Voraussetzungen des § 1 nicht zutreffen, die Ortspolizeiverwaltung hinsichtlich der Sicherheitspolizei besonderen staatlichen Behörden oder Beamten übertragen.

3. Maßgebend ist jetzt für Hannover; Revidierte Städteordnung v. 24. Juni 1858 (Hann. GS. S. 141) § 78, für Hessen-Nassau; Kreisordn. v. 7. Juni 1885 (GS. S. 193) § 27 und Städteordnung v. 4. August 1897 (GS. S. 254) § 67, für Schleswig-Holstein und Lauenburg: Ges. betr. die Verfassung und Verwaltung der Städte und Flecken v. 14. April 1869 (GS. S. 589) § 89.

§ 3. Die Kosten der örtlichen Polizeiverwaltung sind, mit Ausnahme der Gehälter der von der Staatsregierung im Falle der Anwendung des § 2 angestellten besonderen Beamten, von den Gemeinden zu bestreiten.[1]

V. v. 20. September 1867: § 3. In betreff der Verpflichtung zur Tragung der Kosten der örtlichen Polizeiverwaltung bewendet es vorläufig bei den in den neu erworbenen Landesteilen hierüber bestehenden Vorschriften.

Wenn in Gemäßheit des § 2 einzelne Zweige der Polizeiverwaltung den Gemeinden zur eigenen Verwaltung überwiesen worden sind, so haben die Gemeinden die Kosten dieser Verwaltung selbst zu tragen.

Lauenb. Ges.: § 4. In betreff der Verpflichtung zur Tragung der Kosten der örtlichen Polizeiverwaltung bewendet es vorläufig bei den hierüber bestehenden Vorschriften.

1. Soweit in den an Stelle der Gemeindeordnung vom 11. März 1850 getretenen Gemeindeverfassungsgesetzen und in den später erlassenen Kreisordnungen die Polizeiverwaltung nicht Gemeindebeamten übertragen worden ist, sondern Polizeibezirke gebildet worden sind, die mehrere Gemeinden (oder selbständige Güter) umfassen, kommen für die Frage, wer in diesen Bezirken die Polizeiverwaltungskosten zu tragen hat, nicht lediglich die Vorschriften des Gesetzes vom 11. März 1850, sondern in erster Linie die besonderen Bestimmungen der neueren Gesetze zur Anwendung, OVG. 16. April 1901 Entsch. 39 S. 38, vgl. auch OVG. 27. Oktober 1888 Entsch. 17 S. 74.

Über die Kosten Königlicher Polizeiverwaltungen in Stadtgemeinden vgl. das Ges. vom 3. Juni 1908 (GS. S. 149).

Da unter die Bestimmung des § 3 alle sachlichen Kosten der Polizeiverwaltung mitinbegriffen sind, folgt aus dieser Vorschrift namentlich auch die Verpflichtung der Gemeinde zur polizeimäßigen Reinigung der Ortsstraßen, OVG. 29. November 1876 Entsch. 1 S. 265, 5. Oktober 1892 Entsch. 23 S. 378, 5. Februar 1904 Entsch. 45 S. 162, RG. 6. Juni 1896 GA. 44 S. 435 (Zivils.), 26. Juni 1911 JW. 1911 S. 828 Nr. 51, vgl. auch § 6b. Die Pflicht zur Kostentragung umfaßt der Regel nach nur die Verbindlichkeit, diejenigen Mittel bereit zu stellen, welcher die Polizeibehörde zur Ausführung ihrer Anordnungen bedarf, nicht auch die im polizeilichen Interesse erforderlichen Maßregeln selbsttätig auszuführen. In Anlehnung an die gesetzliche Pflicht zur Tragung der Kosten kann sich aber eine Observanz entwickeln, nach welcher die Gemeinde auch die selbsttätige Ausführung gewisser polizeilicher Veranstaltungen zu übernehmen hat, OVG. 4. Januar 1898 DJZ. 1898 S. 211, 9. April 1910 Entsch. 56 S. 289.

Die Pflicht der Gemeinde zur Tragung der Polizeikosten tritt nur dann ein, wenn kein Dritter zur Ausführung der polizeilich geforderten Leistung angehalten werden kann, OVG. 23. November 1889 Entsch. 18 S. 411.

§ 4. Über die Einrichtungen, welche die örtliche

Polizeiverwaltungen erfordert, kann die Bezirksregierung besondere Vorschriften erlassen. Die für den Bezirk des Appellationsgerichtshofes zu Köln bestehenden gesetzlichen Bestimmungen wegen Anstellung von Polizeikommissarien werden hierdurch nicht berührt. Ebenso bleiben vorläufig die Distriktskommissarien in der Provinz Posen in Wirksamkeit.

Die Ernennung aller Polizeibeamten, deren Anstellung den Gemeindebehörden zusteht, bedarf der Bestätigung der Staatsregierung.[1]

V. v. 20. September 1867: § 4 Abs. 1 wie Satz 1, Abs. 2 wie Abs. 2 des Ges. v. 11. März 1850.

Lauenb. Ges.: § 5. Über die Einrichtungen, welche die örtliche Polizeiverwaltung erfordert, kann die Regierung besondere Vorschriften erlassen.

Die Ernennung der städtischen Polizeibeamten bedarf der Bestätigung der Staatsregierung.

1. Auch ein von einer Stadtverwaltung angestellter Nachtwächter bedarf der staatlichen Bestätigung, RG. 5. Juni 1891 Straff. 22 S. 39.

§ 5. Die mit der örtlichen Polizeiverwaltung beauftragten Behörden[1] sind befugt, nach Beratung mit dem Gemeindevorstand[2] ortspolizeiliche, für den Umfang der Gemeinde[3] gültige Vorschriften[4] zu erlassen und gegen die Nichtbefolgung derselben Geldstrafen bis zum Betrage von 3 Rtlr.[5] anzudrohen.

Die Strafandrohung kann bis zu dem Betrage von 10 Rtlr. gehen, wenn die Bezirksregierung ihre Genehmigung[6] dazu erteilt hat.

Die Bezirksregierungen haben über die Art der Verkündigung der ortspolizeilichen Vorschriften, sowie über die Formen, von deren Beobachtung die Gültigkeit derselben abhängt, die erforderlichen Bestimmungen zu erlassen.[7]

V. v. 20. September 1867: § 5. Abs. 1 Satz 1 wie im Ges. v. 11. März 1850; Abs. 1 Satz 2: Steht die örtliche Polizeiverwaltung innerhalb eines Bezirks, zu welchem mehrere Gemeinden gehören, einem Beamten (Amtshauptmann, Amtmann usw.) oder einer Behörde zu, so ist dieser Beamte oder diese Behörde befugt, ortspolizeiliche Vorschriften

a) für den Umfang einer Gemeinde nach Anhörung des betreffenden Gemeindevorstandes,

b) für mehrere Gemeinden oder den ganzen Bezirk aber nach Anhörung der Amtsvertretung (Amtsversammlung usw.) und in deren Ermangelung nach Anhörung der betreffenden Gemeindevorstände

unter der vorstehend gedachten Strafandrohung zu erlassen.

Abs. 2 und 3 wie im Gesetz vom 11. März 1850.

Lauenb. Ges.: § 6. Die mit der örtlichen Polizeiverwaltung beauftragten Behörden sind befugt, nach Beratung mit dem Gemeindevorstande oder den Ortsvorstehern ihres Verwaltungsbezirks ortspolizeiliche resp. für den Umfang der Gemeinde und des Verwaltungsbezirks gültige Vorschriften zu erlassen und gegen die Nichtbefolgung derselben Geldstrafen bis zu dem Betrage von drei Talern anzudrohen. Die Strafandrohung kann bis zu dem Betrage von zehn Talern gehen, wenn die Regierung ihre Genehmigung dazu erteilt hat.

Die letztere hat usw. wie Abs. 3 d. Ges. vom 11. März 1850.

Zusatz: LVG. §§ 143 und 144.

§ 143. Ortspolizeiliche Vorschriften (§§ 5ff. des Gesetzes vom 11. März 1850 beziehungsweise der Verordnung vom 20. September 1867 und des Lauenburgischen Gesetzes vom 7. Januar 1870), soweit sie nicht zum Gebiete der Sicherheitspolizei[8] gehören, bedürfen in Städten der Zustimmung des Gemeindevorstandes.[9] Versagt der Gemeindevorstand die Zustimmung, so kann dieselbe auf Antrag der Behörde durch Beschluß des Bezirksausschusses ergänzt werden.

In Fällen, welche keinen Aufschub zulassen, ist die Ortspolizeibehörde befugt, die Polizeivorschrift vor Einholung der Zustimmung des Gemeindevorstandes zu erlassen. Wird diese Zustimmung nicht innerhalb vier Wochen nach dem Tage der Publikation der Polizeivorschrift erteilt, so hat die Behörde die Vorschrift außer Kraft zu setzen.

§ 144. In Stadtkreisen ist die Ortspolizeibehörde befugt, gegen die Nichtbefolgung der von ihr erlassenen polizeilichen Vorschriften Geldstrafen bis zum Betrage von dreißig Mark[10] anzudrohen. Im übrigen steht die Erteilung der Genehmigung zum Erlasse ortspolizeilicher Vorschriften mit einer Strafandrohung bis zum Betrage von dreißig Mark gemäß § 5 der im § 137 angezogenen Gesetze dem Regierungspräsidenten zu.

Ingleichen hat der Regierungspräsident über die Art der Verkündigung orts- und kreispolizeilicher Vorschriften, sowie über die Form, von deren Beobachtung die Gültigkeit derselben abhängt, zu bestimmen[12].

1. Vgl. § 1 A. 4. Bezüglich der Distriktskommissare in der Provinz Posen hat das Kammergericht — 21. Februar 1884 Jhrb. 4 S. 318 — entschieden, daß ihnen ein Polizeiverordnungs-

recht nicht beigelegt sei, weil sie in der KO. v. 10. Dezember 1836 lediglich als „Gehilfen und Organe" des Landrats bezeichnet seien.

Eine lediglich vom Magistrat einer Stadt, nicht vom Bürgermeister als Verwalter der Ortspolizei erlassene Ortspolizeiverordnung entbehrt der Rechtsgültigkeit als von einer unzuständigen Behörde erlassen, KG. 6. November 1893 Jhrb. 14 S. 256; ebenso ist eine im Geltungsbereiche der Städteordnung für die östlichen Provinzen erlassene städtische PV., welche von einem Beigeordneten in Vertretung des Bürgermeisters ohne vorgängige Genehmigung dieser Vertretung durch den Regierungspräsidenten unterzeichnet und erlassen ist, rechtsungültig, KG. 13. Januar 1896 Jhrb. 17 S. 314. Dagegen ist nicht vorgeschrieben, daß die mit der Befugnis zum Erlaß polizeilicher Vorschriften ausgestattete Behörde bei Unterzeichnung der von ihr erlassenen Polizeiverordnungen ihre Eigenschaft als Polizeibehörde zum Ausdruck bringen muß, KG. 21. Februar 1884, 19. Januar 1899 Jhrb. 4 S. 318, 19 S. 225.

Durch eine PV. kann die Zuständigkeit der Behörden, wie sie kraft Gesetzes einmal bestehen, nicht verschoben werden. Die Polizeibehörde ist nicht berechtigt, das ihr zustehende Polizeiverordnungsrecht ganz oder teilweise an eine andere Behörde oder einen anderen Beamten zu übertragen; auch der Regierungspräsident darf eine solche Übertragung nicht etwa auf Grund seiner Befugnis vornehmen, über die Einrichtungen, welche die örtliche Polizeiverwaltung erfordert, besondere Vorschriften zu erlassen, OVG. 13. Februar 1884 Entsch. 10 S. 203, 25. Mai 1906 Entsch. 49 S. 397, 30. November 1908 Entsch. 53 S. 321 und 364, 29. Mai 1908 VerwBl. 31 S. 12, KG. 13. Juni 1901 Jhrb. 22 C S. 8, 22. März 1909 Jhrb. 37 C S. 5. Indessen ist es statthaft, daß eine höhere Polizeibehörde in ihrer für einen weiteren Bereich erlassenen PV. es der unteren Behörde überträgt, die Modalitäten für die Erfüllung der Norm nach Ort, Zeit, Art oder Maß den örtlichen Verhältnissen entsprechend zu bestimmen, sofern in solchen Festsetzungen nicht eine selbständige Normgebung, sondern nur die entsprechend ausgestaltete Ausprägung der vorhandenen Norm gefunden werden kann, KG. 2. April 1903 Jhrb. 26 C S. 3, 22. März 1909 Jhrb. 37 C S. 5. Aber auch die Berechtigung zum Erlaß derartiger polizeilicher Ausführungsvorschriften darf nicht einer Behörde oder einem Beamten übertragen werden, denen polizeiliche Befugnisse nicht zustehen, wie dem Direktor eines städtischen Schlachthofs oder dem Magistrat, KG. 22. März 1909 Jhrb. 37 C S. 5. Vgl. auch § 15, über Bewilligung von Ausnahmen unten S. 42.

2. Vgl. bezüglich der Städte LVG. § 143 im Zusatz; ferner § 7.

Der Amtsvorsteher (vgl. § 1 A. 4) in den östlichen Provinzen (Kreisordnung § 62) und in Schleswig-Holstein (Kreisordnung § 54) bedarf zum Erlasse von Polizeiverordnungen, sei es, daß sie für den Umfang einer einzelnen Gemeinde (Gutsbezirks) oder für den Umfang mehrerer Gemeinden (Gutsbezirke) oder für den Umfang des ganzen Amtsbezirks erlassen werden, der Zustimmung des Amtsausschusses. In denjenigen Gemeinden, welche einen eigenen Amtsbezirk bilden, tritt die Zustimmung der Gemeindevertretung an die Stelle der Zustimmung des Amtsausschusses, OTr. 16. Juni 1876 OR. 17 S. 440; besteht der Amtsbezirk nur aus einem einzigen Gutsbezirk, so fällt die Mitwirkung des Amtsausschusses fort, KG. 27. September 1897 GA. 45 S. 379. Versagt der Amtsausschuß die Zustimmung, so kann dieselbe auf Antrag des Amtsvorstehers durch Beschluß des Kreisausschusses ergänzt werden; der Beschluß des Kreisausschusses ist endgültig (Kreisordn. f. d. östlichen Provinzen § 62 Abs. 2, f. Schleswig-Holstein § 54 Abs. 2).

Von Vorstehendem abgesehen, bedarf es in Landgemeinden nur der Beratung mit dem Gemeindevorstande, nicht seiner Zustimmung, OTr. 3. Mai 1854 JMBl. S. 268. Dem Erfordernisse ist genügt, wenn die projektierte Verordnung dem Gemeindevorstande zu seiner Erklärung vorgelegt worden ist, dieser aber ein Bedenken dagegen nicht geäußert hat, OTr. 7. Oktober 1858 JMBl. S. 366. Ist neben dem die Ortspolizei verwaltenden Gemeindevorsteher ein weiterer Gemeindevorstand nicht vorhanden, so findet die Bestimmung keine Anwendung, OTr. 7. Januar 1858 Rheinisches Archiv Bd. 54 II S. 3.

In Westfalen ist bei Erlaß einer PV. des Amtmanns, die nicht für einzelne Gemeinden, sondern für einen Amtsbezirk gelten soll, der Vorschrift des § 5 genügt, wenn die Beratung mit den Amtsvertretern in der Amtsversammlung stattgefunden hat, KG. 29. April 1895 GA. 43 S. 156.

3. Keine Polizeibehörde ist befugt mit ihren Anordnungen in einen fremden Polizeibezirk hinüberzugreifen, OVG. 9. Februar 1906 DJZ. 07 S. 486. Wenn einer Behörde die örtliche Polizeiverwaltung über mehrere Gemeinden aufgetragen ist, so ist sie sowohl für alle wie für einzelne Gemeinden ihres Bezirks verordnungsberechtigt, vorausgesetzt, daß die Beratung mit den betreffenden Gemeindevorständen stattgefunden hat, Min.-Erl. v. 1. Juli 1860 MBl. S. 146. Auch ist der Polizeibehörde nicht verwehrt, nach Beratung mit dem Vorstande einer Gemeinde durch PV. eine lediglich zur Regelung der Verhältnisse eines räumlich begrenzten Teiles des Gemeindebezirks bestimmte Vorschrift zu erlassen, OVG. 21. Oktober 1889 Entsch. 18 S. 302.

Eine Orts-PV., die sich gegen die Grundstückseigentümer oder -besitzer als solche wendet, ist nur für diejenigen Eigentümer und Besitzer verbindlich, deren Grundstücke innerhalb der Grenzen des Ortspolizeibezirks liegen; wenn also eine Orts-PV. vorschreibt, daß die Besitzer der dem Straßenkörper anliegenden Grundstücke die Straße vor ihrem Grundstücke zu reinigen haben, so richtet sich diese Vorschrift nicht gegen die Besitzer der zum Nachbargebiet gehörenden Grenzgrundstücke, die an einer Straße des Ortsgebiets liegen, KG. 12. Dezember 1904 Jhrb. 28C S. 60. Eine von der Polizeibehörde einer Stadt für eine Landgemeinde, welche nur bezüglich der Polizeiverwaltung mit dem Bezirk der Stadt vereinigt ist, erlassene PV. kann nicht auf die §§ 143, 144 LVG., sondern nur auf die §§ 5, 6 d. Gesetzes v. 11. März 1850 gestützt werden. Eine Zustimmung des Magistrats der Stadt ist nicht erforderlich, sondern nur die vorherige Anhörung des Gemeindevorstandes der Landgemeinde. Eine in einer solchen PV. enthaltene Strafandrohung ist ohne die Genehmigung des Regierungspräsidenten nur bis zur Höhe von 9 Mark rechtsgültig, KG. 12. April 1900 Jhrb. 20C S. 53.

In der Entscheidung der Frage, ob sich im Falle einer Gebietsvergrößerung auch der Geltungsbereich einer PV. ohne weiteres ändert, weicht die Rechtsprechung des Kammergerichts von der des Oberverwaltungsgerichts ab. Nach der Ansicht des Kammergerichts, die auch vom Reichsgericht geteilt wird (RGZ. 28 S. 304), gilt eine PV., wenn dem Gebiete, für welches sie erlassen ist, nach ihrem Erlaß ein anderes Gebiet einverleibt worden ist, in dem neu hinzugekommenen Gebiete erst dann, wenn sie für letzteres anderweit erlassen und verkündet ist, KG. 10. Mai 1900 Jhrb. 20C S. 57, 24. April 1902 GA. 51 S. 61, 7. März 1907 Jhrb. 34C S. 3, 13. Februar 1911 Recht 1911 S. 162; und ebenso bleiben bei Abtrennung eines Gebietsteils polizeiliche Normen, welche für diesen Teil Gültigkeit erlangt haben, regelmäßig so lange in Kraft, bis sie aufgehoben werden KG. 7. April 1904 Jhrb. 27C S. 49, 4. April 1910 Recht 1910 S. 452, RG. 24. Januar 1901 RGZ. 48 S. 275 (vgl. auch OLG. München GA. 40 S. 212). Dagegen hat das Oberverwaltungsgericht entschieden, daß sich mit der Erweiterung oder Einschränkung der Grenzen des Distrikts, für den eine PV. erlassen ist, in der Regel von selbst deren Geltungsgebiet ändert — OVG. 18. März 1880 Entsch. 6 S. 218, 13. Dezember 1890 VerwBl. 12 S. 305 —, insbesondere seien diejenigen Polizeiverordnungen, welche einheitliches Recht für den Bezirk zu schaffen bezweckten, im Falle des Gebietszuwachses stillschweigend auch in dem Zuwachsgebiete gültig; dieser Grundsatz gelte nur für diejenigen Polizeiverordnungen nicht, welche ein Sonderrecht für einzelne Teile einzuführen oder besonders geartete Verhältnisse in einer Weise zu regeln beabsichtigten, daß ihre Anwendung auf den Gebietszuwachs als ausgeschlossen gelten müsse, OVG. 18. Juni 1900 Entsch. 37 S. 405, 3. April 1906 DJZ. 07 S. 52, 2. Juni 1910 VerwBl. 32 S. 585 (vgl. auch OLG. Dresden GA. 40 S. 211). Der Ansicht des KG., welche die Analogie der Geltung von Gesetzen im Falle der Veränderung des Staatsgebiets für sich hat und allein geeignet ist, klare Rechtsverhältnisse zu schaffen, ist der Vorzug zu geben.

4. Über **Rechtsnatur und Wirkung der PV. im allgemeinen** gilt folgendes:

I. Die PV. hat Gesetzeskraft; sie ist folglich als eine Rechtsnorm im Sinne des § 376 StPO. anzusehen, ihre Verletzung begründet die Revision, KG. 10. November 1881 Jhrb. 3 S. 340, RG. 14. Januar 1887 Straff. 15 S. 207 (im Sinne des § 549 ZPO. sind sie indessen irrevisibel — RG. 17. September 1906 Recht 07 S. 202 — sofern es sich nicht um Ministerialpolizeiverordnungen handelt, die über den Bezirk des Berufungsgerichts hinaus für mindestens zwei preußische Provinzen gelten). Dagegen sind polizeiliche Anordnungen, welche nur für den konkreten Fall eine Maßregel treffen, keine Rechtsnormen, ihre tatsächliche Auslegung durch die Vorinstanz ist für das Revisionsgericht bindend, RG. 14. Januar 1890 Straff. 20 S. 177, KG. 16. März 1893 Jhrb. 14 S. 398. Durch privatrechtliche Verträg wird die Wirksamkeit einer PV. nicht beeinträchtigt, OTr. 1.. Februar 1855, mitgeteilt in Oppenhoffs Komm. z. StGB. bibschn. 29 A. 61. Der Richter muß die Polizeiverordnungen wie die Gesetze kennen, RG. 20. März 1899 DJZ. 99 S. 317 (Zivils.); ihre Nichtkenntnis schützt ebensowenig wie Nichtkenntnis des Strafgesetzes vor Bestrafung, OTr. 9. April 1875 OR. 16 S. 279, 13. Dezember 1878 OR. 19 S. 583.

II. Eine PV. kann auch den Versuch, die Begünstigung und Beihilfe zu den durch sie mit Strafe bedrohten Handlungen für strafbar erklären. Hinsichtlich des strafbaren Willens des Vorsatzes und der Fahrlässigkeit, gelten die allgemeinen Grundsätze. Bei Übertretungen von Polizeiverordnungen ist nicht nur ein vorsätzliches, sondern auch ein fahrlässiges Verhalten strafbar, KG. 7. Februar 1910 Recht 1910 S. 707, OLG. Hamburg 28. Mai 1891 GA. 39 S 160 vgl. auch OTr. 17. Mai 1873 GA. 21 S. 572. Stets ist aber zur Bestrafung Feststellung irgendeines Verschuldens erforderlich, z. B. wenn in einer PV. für die vorschriftsmäßige Beleuchtung eines Fahrzeugs auch der Eigentümer strafrechtlich verantwortlich gemacht ist, KG. 6. Januar 1908 Recht 08 S. 342.

III. Gültige Polizeiverordnungen binden auch die Behörden, OVG. 18. Oktober 1907 VerwBl. 30 S. 358. Die den Regierungspräsidenten untergeordneten Polizeibehörden sind nicht befugt, die Bestimmungen der von dem Präsidenten erlassenen Polizeiverordnungen durch polizeiliche Verfügungen einzuschränken oder zu erweitern, sondern sie haben ihre amtliche Tätigkeit nach diesen Bestimmungen zu gestalten, OVG. 24. Oktober 1900 VerwBl. 22 S. 181. Auf einem Gebiete, auf dem das Maß der Beschränkung des einzelnen im öffentlichen Interesse mittels PV. erschöpfend bestimmt worden ist, darf die Polizeibehörde nicht mittels polizeilicher Verfügung im Einzelfalle über dieses Maß hinausgehen, OVG. 29. Oktober 1883 Entsch. 10 S. 260, 1. Mai 1903 VerwBl. 24 S. 664. Indessen darf die Polizeibehörde auch bei konsentierten und konsensmäßig ausgeführten Baulichkeiten nachträglich diejenigen Vorkehrungen fordern, welche sich im Interesse der Fürsorge gegen Feuersgefahr als notwendig herausstellen, weil die Baupolizeiverordnungen nicht alle möglichen Unzuträglichkeiten berücksichtigen können, die sich insbesondere aus der Art der Benutzung der konsentierten Baulichkeiten in der Folge etwa ergeben, OVG. 22. April 1904 VerwBl. 26 S. 60, 7. Oktober 1904 VerwBl. 26 S. 828, 14. April 1905 VerwBl. 27 S. 123, 26. Mai 1905 VerwBl. 27 S. 874. Dadurch, daß eine Straßenordnung in einer Reihe von Straßen das Be- und Entladen der Fuhrwerke während bestimmter Tagesstunden untersagt hat, ist die Polizeibehörde nicht gehindert, für einzelne Häuser anderer Straßen ein gleiches Verbot durch Einzelverfügung auszusprechen, OVG. 14. Dezember 1905 VerwBl. 27 S. 577.

Ausnahmen von der Geltung der PV. kann die Polizeibehörde nur machen, wenn in der PV. selbst die Gestattung solcher Ausnahmen, sei es für bestimmt normierte Fälle, sei es nach Maßgabe des Ermessens der Polizeibehörde vorgesehen ist, KG. 30. Januar 1900 VerwBl. 21 S. 496, OVG. 5. November 1906 GA. 54 S. 429. Der Umstand, daß in einer PV. die Gestattung von Ausnahmen in jedem besonderen Falle von der polizeilichen Genehmigung abhängig gemacht wird, entzieht der Verordnung nicht den Charakter der Allgemeinheit. Wenn die Gestattung von Ausnahmen nach Vorstehendem nicht zulässig ist, ist auch die Aufsichtsbehörde nicht befugt, die von den Unterbehörden erlassenen

Polizeiverordnungen lediglich für einen einzelnen Fall außer Anwendung zu setzen. OTr. 23. Januar 1879 GA. 27 S. 243, OVG. 30. November 1882 Entsch. 9 S. 332. Keinesfalls darf die Entscheidung über die Gestattung von Ausnahmen in die Hand anderer als polizeilicher Behörden gelegt werden, OVG. 11. Februar 1904 VerwBl. 25 S. 813. Ungültig ist deshalb die Bestimmung einer PV., daß Ausnahmen vom Verbote der Mitwirkung oder Anwesenheit von Kindern bei öffentlichen Schaustellungen durch die Ortspolizeibehörde mit Zustimmung des Kreisschulinspektors zugelassen werden können, OVG. 14. Dezember 1906 Entsch. 50 S. 272; ebenso eine PV., welche es dem Friedhofsamt überläßt, Ausnahmen von der Zwangspflicht, die städtischen Einrichtungen zur Leichenüberführung zu benutzen, festzusetzen, KG. 14. Oktober 1909 Jhrb. 38C S. 46.

IV. Nach dem Grundsatze ne bis in idem darf, wenn eine Handlung oder Unterlassung durch PV. mit Strafe bedroht ist, die Polizeibehörde zur Verhinderung der verbotenen bzw. zur Erzwingung der gebotenen Handlung zwar die sonstigen Zwangsmittel des § 132 LVG., aber nicht dasjenige der Androhung einer Geldstrafe aus Nr. 2 a. a. O. anwenden, OVG. 13. Dezember 1872 Entsch. 1 S. 399, 12. April 1878 MBl. S. 125, 9. April 1879 Entsch. 5 S. 278, 2. April 1892 Entsch. 23 S. 384, 28. November 1901 VerwBl. 23 S. 455; ebenso MinErl. v. 15. März 1869 MBl. S. 74. Der Satz ne bis in idem ist indessen dann unanwendbar, wenn durch die polizeiliche Verfügung die Beseitigung der Fortdauer eines polizeiwidrigen Zustandes bezweckt wird (vgl. OVG. Entsch. 5 S. 285, 23 S. 388, VerwBl. 20 S. 251); ebenso, wenn durch die angedrohte Exekutivstrafe ein Anwohner veranlaßt werden soll, dadurch, daß er das städtische Straßenreinigungsinstitut in Anspruch nimmt, zwischen sich und der Stadtgemeinde ein dauerndes Verhältnis herzustellen, während eine daneben bestehende PV. die Unterlassung der Straßenreinigung durch den städtischen Fuhrpark mit Strafe bedroht, OVG. 27. Februar 1908 DJZ. 08 S. 1110.

5. Strafmaß. Vgl. bezüglich der Stadtkreise LVG. § 144 im Zusatz. § 5 bezieht sich nur auf diejenigen Fälle, in denen die

Polizeibehörden selbständig eine Strafandrohung treffen, nicht aber auf diejenigen Fälle, in denen die Strafandrohung lediglich durch Verweisung auf die bezüglichen Strafvorschriften des StGB. erfolgt, KG. 21. Februar 1884 Jhrb. 4 S. 318; vgl. auch § 6 A. 3.

Das Maximum und Minimum der anzudrohenden Strafe kann innerhalb des gesetzlichen Rahmens von der Polizeibehörde nach freiem Ermessen bestimmt, insbesondere kann auch unter das im StGB. vorgesehene Minimum von 1 Mark heruntergegangen werden, OTr. 11. Juni 1863 OR 3 S. 493, KG. 7. März 1889 Jhrb. 9 S. 163. Desgleichen kann, sofern die durch eine PV. betroffenen Übertretungen nicht schon im StGB. oder in anderen allgemeinen Gesetzen oder in Verordnungen einer höheren Instanz mit einer bestimmten Minimalstrafe bedroht sind, auch eine höhere Minimalstrafe als von einer Mark angedroht werden, KG. 7. November 1887 Jhrb. 7 S. 242. Hinsichtlich der Umwandlung einer nicht beitreibbaren Geldstrafe kann ein von § 29 StGB. abweichender Maßstab festgesetzt, insbesondere kann auch für einen Geldbetrag unter einer Mark eine Haftstrafe, und zwar auch eine geringere als eintägige, unterstellt werden, KG. 29. März 1894 Jhrb. 15 S. 193; ist lediglich bestimmt, daß im Unvermögensfalle an Stelle der Geldstrafe verhältnismäßige Haft einzutreten habe, so sind die Bestimmungen des StGB. maßgebend, KG. 13. Dezember 1888 Jhrb. 9 S. 165. Vgl. auch § 18.

Eine PV., welche eine das zulässige Maß übersteigende Strafe androht, ist deshalb nicht ungültig, die Strafe muß nur auf das zulässige Maß herabgesetzt werden. OTr. 20. November 1856 GA. 6 S. 268, 14. Oktober 1864 OR. 5 S. 174, 18. Januar 1871 OR. 12 S. 42, KG. Jhrb. 20C S. 56. Wenn aber eine PV. im Widerspruch mit der vom Regierungspräsidenten gemäß § 144 LVG. getroffenen Bestimmung, daß die Gültigkeit einer PV. bedingt sei durch die Androhung einer Strafe, die sich innerhalb des nach § 5 bzw. nach §§ 142, 144 LVG. zulässigen Mindest- und Höchstbetrages zu halten habe, eine ihrer Höhe nach unzulässige Strafandrohung enthält, so ist sie ihrem ganzen Umfange nach ungültig, KG. 13. April 1908 Jhrb. 36C S. 8.

Nur die Androhung von Geldstrafe ist nach § 5 zulässig; es kann weder subsidiäre Haftbarkeit dritter Personen noch eine Strafbarkeit ohne kriminalistische Schuld festgesetzt werden, KG. 7. November 1895 Jhrb. 17 S. 311, 3. Juni 1901 GA. 49 S. 151, 30. Juni 1902 GA. 51 S. 62, vgl. auch KG. 6. Mai 1895 GA. 43 S. 440. Auch die Androhung der Einziehung ist unzulässig, KG. 7. April 1898 VerwBl. 20 S. 256, 3. Dezember 1908 Recht 09 S. 119. Hinsichtlich der subsidiären Haftstrafe vgl. § 18; unmittelbare Androhung von Freiheitsstrafe ist unzulässig.

6. Durch die Zustimmung der Regierung wird eine PV. als solche nicht zu einer Verordnung der Regierung, sie bleibt eine von der Ortspolizei erlassene PV. OVG. 9. Mai 1881 Entsch. 8 S. 290, 4. Oktober 1892 Entsch. 23 S. 349.

7. Abs. 3 ist abgeändert durch LVG. § 144 Abs. 2 — abgedruckt im Zusatz. Er enthält die Verleihung eines Rechts, nicht die Auferlegung einer Pflicht zum Erlasse solcher Bestimmungen; solange solche Bestimmungen nicht erlassen sind, bleiben die früher ergangenen Vorschriften in Kraft KG. 5. Januar 1888, 23. Januar 1890, 8. März 1894 Jhrb. 8 S. 188, 10 S. 158, 15 S. 201. Vgl. A. 12.

8. Für Polizeiverordnungen, die zum Gebiete der Sicherheitspolizei gehören, ist nur nach § 5 die vorgängige Beratung mit dem Gemeindevorstande vorgeschrieben. Über die Form dieser Beratung gilt das in A. 2 Gesagte. Für Schleswig-Holstein bestimmt § 89 der Städteordnung vom 14. April 1869 (GS. S. 589), daß, wenn eine Einigung zwischen Bürgermeister und Gemeindevorstand über die zu erlassende PV. nicht erzielt wird, die Regierung entscheidet.

Sicherheitspolizei ist diejenige Tätigkeit der polizeilichen Organe, welche den Schutz und die Aufrechterhaltung der bestehenden Rechtsordnung, insbesondere den Schutz von Personen und Eigentum bezweckt, OVG. 14. November 1887 Entsch. 15 S. 427, KG. 25. Februar 1889 Jhrb. 9 S. 228, 23. September 1897 GA. 45 S. 384, 29. September 1910 DJZ. 1910 S. 1358. Die Straßenpolizei, soweit sie die Sicherheit des öffentlich verkehrenden Publikums bezweckt, wird dem Gebiete der Sicherheitspolizei zugerechnet, dagegen nicht die Gesundheitspolizei.

Insoweit eine Straßenpolizeiverordnung mit einer und derselben Bestimmung außer dem Gebiete der Sicherheitspolizei noch andere Gebiete berührt, also verschiedene Zwecke verfolgt, z. B. Sicherheit des Publikums und zugleich Leichtigkeit des Verkehrs, bedarf sie nicht der Zustimmung des Gemeindevorstandes, ist dagegen bei einer solchen PV. eine Trennung der verschiedenartigen Bestimmungen möglich, dann bedürfen die sicherheitspolizeilichen Vorschriften nicht der Zustimmung des Gemeindevorstandes, während die anderen Bestimmungen an jene Zustimmung gebunden sind, KG. 23. September 1897 GA. 45 S. 384.

9. Es bedarf der Zustimmung des Gemeindevorstandes zu der Verordnung als einem einheitlichen Ganzen, zu dem formulierten, der publizierten Verordnung entsprechenden Entwurf; die publizierte Verordnung darf sachlich in keiner Weise von dem seitens des Magistrats genehmigten Entwurfe abweichen, OVG. 31. Mai 1897 Ensch. 31 S. 360. Eine nur nach Beratung mit dem Gemeindevorstand erlassene PV. ist ungültig, KG. 29. September 1910 DJZ. 1910 S. 1358. Sind in einer Stadt gemäß § 72 der Städteordnung für die östlichen Provinzen (und für Westfalen) statt des Magistrats nur ein Bürgermeister und zwei Schöffen bzw. ein Beigeordneter gewählt, so ist der Bürgermeister, wenn es sich um die Genehmigung einer von ihm erlassenen PV. handelt, als verhindert anzusehen, da die Interessen der Stadt nach dem offensichtlichen Sinne von § 143 LVG. durch den Gemeindevorstand besonders wahrgenommen werden sollen; an seine Stelle bezüglich der Genehmigung treten also die Schöffen bzw. der Beigeordnete, KG. 14. Oktober 1897 GA. 45 S. 383. Über oktroyierte Polizeiverordnungen vgl. Vorbemerkung zu §§ 11—14.

Hinsichtlich solcher ortspolizeilicher Verordnungen, bei denen das Militär besonders konkurriert, wie z. B. in Beziehung auf Festungswerke, wegen des Betretens der Schießstände der Garnison usw., ist durch MinErl. v. 21. August 1852 (MBl. S. 218) „Zuziehung und Mitzeichnung der Kommandantur" vorgeschrieben.

Auf die Rechtsgültigkeit einer PV. ist die Nichtbeachtung dieser Vorschrift ohne Einfluß.

10. Vgl. hierzu oben A. 5.

11. Über Kreispolizeiverordnungen vgl. LVG. § 142, abgedruckt in d. Vorbem. zu §§ 11—14.

12. Die formelle Gültigkeit von Polizeiverordnungen ist nach den zur Zeit ihrer Veröffentlichung geltenden Gesetzen zu beurteilen, KG. 24. November 1890 Jhrb. 11 S. 185, vgl. Vorbem. zu §§ 11—14. Hat der Regierungspräsident von der ihm durch § 144 LVG. erteilten Befugnis noch keinen Gebrauch gemacht, so sind die bis dahin erlassenen Bestimmungen über die Art der Verkündigung und die Formen, von deren Beobachtung die Gültigkeit der Polizeiverordnungen abhängt, in Kraft verblieben, KG. 5. Januar 1888, 23. Januar 1890, 25. März 1895 Jhrb. 8 S. 188, 10 158, 16 S. 307. Als Muster für derartige vom Regierungspräsidenten zu erlassende Bestimmungen ist die Verordnung der Regierung zu Erfurt vom 3. Februar 1874 durch Min.-Erl. vom 4. April 1874 (MBl. S. 109) empfohlen. Eine PV., die auf anderweit erlassene, nicht in gültiger Form publizierte Vorschriften verweist, z. B. die Nichtbeobachtung der in dem Hebammenlehrbuch enthaltenen Instruktion seitens einer Hebamme unter Strafe stellt, ist ungültig, KG. 11. Februar 1904 DJZ. 1904 S. 461, 8. Dezember 1904 Jhrb. 28C S. 33, 16. November 08 Recht 09 S. 159. Dagegen hält das OVG. die Bezugnahme auf bestimmte anderweitige Vorschriften z. B. eines Reglements in einer PV. nicht für unzulässig, weil diese Vorschriften hierdurch zu Bestandteilen der auf sie verweisenden PV. würden; dies gelte auch dann, wenn die in Bezug genommenen Vorschriften rechtsungültig seien, OVG. 3. Dezember 1903 Entsch. 44 S. 345. Dem ist indessen nicht beizutreten; die bloße Bezugnahme ersetzt nicht die ordnungsmäßige Verkündung.

I. Art der Verkündigung. Ist Verkündigung einer PV. in einer Zeitung vorgeschrieben, so ist ein Abdruck in dem Hauptblatt oder in einem solchen Beiblatt der betreffenden Zeitung erforderlich, welches sowohl auf diesem selbst wie in dem Hauptblatte ausdrücklich und deutlich erkennbar als Beilage zum Hauptblatt bezeichnet ist; die bloße Beifügung eines Heftes, welches die PV. enthält, genügt nicht, auch wenn im Hauptblatt darauf verwiesen wird; es ist auch nicht ausreichend, wenn die Beilage nur für die Abonnenten der Zeitung beigefügt wird, KG. 6. April 1891 Jhrb. 11 S. 186, 1. Juli 1907 DJZ. 07 S. 1262, 13. August 1910 Recht 1910 S. 615, vgl. auch KG. 19. Oktober 1891 Jhrb. 12 S. 171, 10. Juli 1893 GA. 41 S. 445, 20. Februar 1896 GA. 44 S. 74, 6. März 1911 Recht 1911 S. 451. Wenn das Publikationsorgan in einen amtlichen und einen nichtamtlichen Teil zerfällt, so muß die Publikation im amtlichen Teil erfolgen, KG. 25. April 1895 GA. 43 S. 283 in der Note, 20. Februar 1896 GA. 44 S. 74, 1. Juli 1907 DJZ. 07 S. 1262, 13. Mai 1909 Recht 09 S. 677. Ebenso muß der Hinweis auf eine die Publikation enthaltende Beilage im amtlichen Teile des Hauptblattes stehen; Hinweise im redaktionellen Teil und an dessen Schlusse genügen nicht, OVG. 23. Juni 1911 MBl. 1911 S. 248. Die Verkündung einer PV. durch Abdruck in mehreren Teilen ist an sich zulässig, aber der Zusammenhang zwischen den Teilen muß dem Leser so erkennbar gemacht werden, daß er die Verordnung als Ganzes und den Zusammenhang ihrer Teile ohne Schwierigkeiten erfassen kann. Das bloße „Fortsetzung folgt" und „Fortsetzung" genügt nicht, die Bezugnahme muß durch Hinweis auf den vorhergehenden Teil unter Bezeichnung von Nummer und Datum des Blattes geschehen, KG. 26. Juli 1894 GA. 42 S. 319, 1. Juli 1907 DJZ. 07 S. 1262. Geschieht die Verkündung durch ein öffentliches Blatt, so hat ein im Laufe des Druckverfahrens bei einzelnen, nicht bei allen Abzügen entstandener zufälliger und rein äußerlicher Fehler (Fortfall des Tagesdatums der Verordnung) die Ungültigkeit der Verordnung nicht zur Folge, OVG. 28. Juni 1907 Entsch. 51 S. 377. Das KG. hält, wenn für die Gültigkeit einer PV. von der Aufsichtsbehörde Aushang „am Gemeindehause" innerhalb einer bestimmten Frist vorgeschrieben ist, den Aushang im Flur des Gemeindehauses, welcher zu gewissen Zeiten dem Publikum unzugänglich ist, nicht für genügend, „an dem Gemeindehause" bedeute an der Außenseite des Gemeindehauses (KG. 19. Mai 1910 Recht 1910 S. 615, 9. März 1911 Recht 1911 S. 339); richtiger erscheint die Auffassung, daß unter Aushang am Gemeindehause der Aushang an der für amtliche Publikationen üblichen Stelle des Gemeindehauses zu verstehen ist. Eine mangelhaft verkündete PV. kann nicht dadurch gültig werden, daß die nicht beachtete Formvorschrift später aufgehoben wird, KG. 1. Juli 1907 DJZ. 07 S. 1262.

II. Hinsichtlich der Formen, von deren Beobachtung die Gültigkeit von Polizeiverordnungen abhängt, ist im allgemeinen zu beachten, daß formell zwingende Vorbedingungen für das Zustandekommen einer PV. in der Bekanntmachungsformel zum Ausdruck gebracht werden müssen. Geschieht dies, so ist jede richterliche Beweisaufnahme über das Vorliegen oder Nichtvorliegen der Bedingungen unzulässig, KG. 30. Mai 1904 Jhrb. 28C S. 3. Wird es verabsäumt, so ist die Verordnung ungültig, Jhrb. 8 S. 140, 21C S. 3, 23C S. 3, 28C S. 3. Formell zwingende Natur haben die Vorbedingungen, die auf der „Übereinstimmung", dem „Einverständnis", „Einvernehmen" mit einer anderen Behörde oder Körperschaft, auf deren „Zustimmung" oder „Genehmigung" beruhen. Bestehen sie in der „Anhörung" einer Behörde oder Körperschaft, in der „Vorberatung" mit ihr, in der Verpflichtung, ihr „Gelegenheit zur Äußerung" zu geben und dgl., so ist zu prüfen, ob das Gesetz damit eine formell zwingende Norm oder eine nur instruktionelle Vorschrift hat schaffen wollen. Im letzteren Falle, der im Zweifel zu unterstellen ist, braucht die Beachtung der Vorschrift in der Bekanntmachungsformel nicht bezeugt zu werden. Andernfalls aber ist die PV. nur gültig, wenn die Anhörung usw. erfolgt und dies in dem verkündeten Wortlaut der PV. zum Ausdruck gebracht ist. Eine „Bezugnahme" auf gesetzliche Bestimmungen ist für Polizeiverordnungen nur erforderlich, wenn dies ausdrücklich vorgeschrieben ist, KG. 25. November 1901 Jhrb. 23C S. 3, 13. März 1911 Recht 1911 S. 268. Ist für die Bekanntmachung orts- und kreispolizeilicher Vorschriften ausdrücklich bestimmt, daß die Gültigkeit durch Bezeichnung als PV. bedingt ist, so kann diese Bezeichnung nicht durch die als „Baupolizeiordnung", „Straßenpolizeiordnung" ersetzt werden und eine mit solcher Bezeichnung erlassene Bekanntmachung entbehrt der Rechtsgültigkeit, OVG. 14. April 1897 Entsch. 31 S. 355, 21. Juni 1897 DJZ. 1897 S. 475, KG. 25. November 1901 Jhrb. 23 C S. 9. Eine für einen Stadtbezirk ergangene PV., in welcher hervorzuheben ist, daß sie mit „Zustimmung des Gemeindevorstandes" erlassen ist, ist auch dann gültig, wenn sie nur den Vermerk „unter Zustimmung des Magistrats" enthält, KG. 23. April 1891 Jhrb. 11 S. 188. Der zur Gültigkeit angeordneten Bezugnahme auf § 5 oder §§ 6 und 15 des Gesetzes vom 11. März 1850 wird durch die Bezugnahme „auf Grund des Gesetzes vom 11. März 1850" nicht genügt. OVG. 14. Dezember 1895 DJZ. 1896 S. 244, KG. 19. Mai 1910 Recht 1910 S. 516. Ist nach der Anordnung des Regierungspräsidenten in der PV. auf „§§ 143 bzw. 144 LVG." Bezug zu nehmen, so ist eine PV., welche unrichtigerweise nur den § 143 anführt, ungültig, KG. 20. März 1911 Recht 1911 S. 339. Ebenso macht, wenn nach der Anordnung des Regierungspräsidenten auf § 62 der Kreisordn. v. 13. Dezember 1872 u. 19. März 1881 Bezug zu nehmen ist, unvollständige Angabe des Gesetzesdatums die PV. nichtig, KG. 28. April 1911 DJZ. 1911 S. 934.

III. Für die Republikation einer ungenügend verkündeten PV. sind die zur Zeit der abermaligen Verkündung bestehenden Vorschriften maßgebend, KG. 23. September 1897 GA. 45 S. 384.

IV. Über die Frage, ob auch die zur Ergänzung eines Blankettstrafgesetzes ergehenden Polizeivorschriften an die Formen der Polizeiverordnungen gebunden sind vgl. Einleitung S. 15. Soweit durch spezielle gesetzliche Vorschriften außerhalb des Rahmens des Gesetzes vom 11. März 1850 bestimmten Behörden die Befugnis zum Erlaß von Polizeiverordnungen delegiert ist, sind auch für die Formen dieser Polizeiverordnungen in erster Linie die die Delegation enthaltenden Spezialbestimmungen maßgebend.

Vorbemerkung zu § 6.

I. Es herrscht in der Rechtsprechung Einverständnis darüber, daß das Gesetz vom 11. März 1850 im allgemeinen keine neuen, der Polizeibehörde bis dahin mangelnden Befugnisse begründen, sondern nur das Recht zum Erlasse von Polizeiverordnungen erläutern und näher ausführen sollte, daß demgemäß das Recht der Polizeibehörde, auf Grund des Gesetzes vom 11. März 1850 Polizeiverordnungen zu erlassen, der Regel nach begrenzt wird durch § 10 ALR. II 17 (abgedruckt Einl. S. 9), OVG. 14. Juni 1882 Entsch. 9 S. 353, 13. Januar 1894 Entsch. 26 S. 323, 24. April 1902 Entsch. 41 S. 322, 24. November 1903 Entsch. 44 S. 388, 2. Juli 1910 Entsch. 57 S. 402, RG. 7. November 1899 Straff. 32 S. 341, KG. 4. November 1901 Jhrb. 23 C S. 53, 4. Februar 1904 Jhrb. 27 C S. 46, 15. Februar 1906 Jhrb. 32 C 10. § 10 ALR. II 17 gilt nicht nur für die landrechtlichen Bezirke, sondern für das ganze Gebiet des preußischen Staates (vgl. Einl. S. 10).

Öffentliche Ruhe im Sinne des § 10 ALR. II 17 ist nicht der Schutz des Publikums vor störenden Geräuschen, sondern ein den die Sicherheit und Ordnung betreffenden öffentlich-rechtlichen Normen entsprechendes Verhalten der Einwohner, OVG. 10. Dezember 1879 Entsch. 6 S. 349, 15. Februar 1906 Jhrb. 32 C S. 10, 19. September 1907 Jhrb. 34 C S. 54, 21. Oktober 1907 DJZ. 08 S. 197.

Öffentliche Ordnung ist keineswegs gleichbedeutend mit öffentlichem oder gemeinem Wohl, OVG. 14. Juni 1882 Entsch. 9 S. 353. Die Verletzung der religiösen Empfindungen begründet nur dann eine Störung der öffentlichen Ordnung, wenn sie nach außen sich in einer Weise betätigt, die ein öffentliches Ärgernis zu erregen geeignet ist, OVG. 15. Mai 1908 VerwBl. 29 S. 767.

Unter „Gefahr" im Sinne des § 10 ALR. II 17 fallen nicht bloße Nachteile oder Belästigungen, vielmehr ist darunter eine naheliegende, auf Tatsachen beruhende Wahrscheinlichkeit einer Schädigung von Leib, Leben, Gesundheit oder Vermögen zu verstehen, OVG. 27. April 1882 Entsch. 9 S. 344, 7. Juli 1903 Entsch. 44 S. 448, 12. Juni 1906 VerwBl. 29 S. 710, KG. 23. Februar 1903 Jhrb. 26 C S. 19, 15. Februar 1906 Jhrb. 32 C S. 10, 2. Juni 1910 DJZ. 1910 S. 1085, 25. März 1909 Recht 09 S. 452, 3. April 1911 DJZ. 1911 S. 765, vgl. auch KG. 12. Dezember 1900 Jhrb. 21 C S. 47. Als bevorstehend kann eine Gefahr nicht angesehen werden,

4*

wenn nur eine ungewisse Möglichkeit ihres Eintritts vorhanden ist, OVG. 22. April 1909 Entsch. 54 S. 271. Weil sie die sich hieraus ergebenden Schranken des polizeilichen Verordnungsrechts überschreitet, ist eine PV. ungültig, welche auch das Halten nicht brennender Zigarren im Munde oder in der Hand in Räumen, in denen sich, Futter oder Stroh befindet, verbietet, KG. 2. Juni 1910 DJZ. 1910 S. 1085.

Nur in gewissen Richtungen haben die durch § 10 II 17 ALR. umschriebenen Aufgaben der Polizei für das Gebiet des Polizeiverordnungsrechts durch das Gesetz vom 11. März 1850 eine Erweiterung erfahren. So können insbesondere Polizeiverordnungen erlassen werden im Interesse der Leichtigkeit des Verkehrs auf öffentlichen Straßen und Wegen. Soweit daher Belästigungen die Leichtigkeit des Verkehrs zu beeinträchtigen geeignet sind, können durch PV. Vorkehrungen zu ihrer Beseitigung vorgeschrieben werden, OVG. 22. April 1904 VerwBl. 26 S. 346; vgl. unten § 6 lit. b.

Aus der hervorgehobenen Begrenzung des Polizeiverordnungsrechts ergibt sich der wichtige Satz, daß die Polizeibehörden bei Erlaß von Polizeiverordnungen im allgemeinen und von Spezialgesetzen abgesehen nicht befugt sind, auf dem Gebiete der Wohlfahrtspflege Anordnungen zu treffen, OVG. 14. Juni 1882 Entsch. 9 S. 353, 28. November 1885 Entsch. 12 S. 382, 14. November 1887 Entsch. 15 S. 427, 13. Januar 1894 Entsch. 26 S. 323, 8. November 1900 Entsch. 38 S. 295, 2. Juli 1910 Entsch. 57 S. 402, KG. 5. Mai 1902 GA. 51 S. 65. Es liegt deshalb die Erhaltung von Bauwerken aus dem Gesichtspunkte der Denkmalspflege außerhalb der polizeilichen Aufgaben, OVG. 21. November 1903 Entsch. 44. S. 388. Ungültig ist eine PV., welche vorschreibt, daß bei Kost- und Quartiergängern auf zwei Personen mindestens ein Waschgeschirr gefordert werden müsse, weil keine Gesundheitsgefahr vorliegt, die Verordnung vielmehr die Wohlfahrtspolizei betrifft, KG. 12. Oktober 1908 Recht 08 S. 822.

Als fernere wesentliche Beschränkung des Polizeiverordnungsrechts ist hervorzuheben, daß der Polizei die Befugnis zum Erlasse von Polizeiverordnungen nur zum Schutze öffentlicher Interessen, nicht zum Schutze der Interessen einzelner Privatpersonen gewährt ist, KG. 9. Dezember 1901 Jhrb. 23 C S. 21, 14. Dezember 1885 Jhrb. 6 S. 182, 20. Februar 1905 DJZ. 05 S. 297, 4. Dezember 1905 Jhrb. 31 C S. 50, 7. März 1907 Frankf. Rundschau 07 S. 20. Eine PV., welche gebietet, vor einer Privatklinik Schritt zu fahren, ist deshalb ungültig, KG. 30. Juni 1902 DJZ. 03 S. 33; desgleichen eine PV., welche nur Vorschriften über geschlossene Gesellschaften, wie über die Beschaffenheit ihrer Versammlungsräume, Führung von Mitgliederlisten oder eines Fremdenbuchs enthält, weil sie nur das Sonderinteresse jener Gesellschaften und nicht das öffentliche zum Gegenstande hat, KG. 3. und 17. Dezember 1894 GA. 42 S. 445; ungültig ist auch eine PV., die darauf abzielt dem einzelnen Grundbesitzer die von ihm zum Schutze des eigenen Besitzes für notwendig erachtete Umwehrung deshalb zu untersagen, weil die Kulturart, die der Nachbar für seinen Besitz gewählt hat, die Fernhaltung der Beschattung erfordert, und zwar auch in Bezirken, in denen Weinbau stattfindet, OVG. 13. Mai 1901 Entsch. 39 S. 278; ebenso eine PV., welche von den Unterliegern in einem Weinberge ganz allgemein die Unterhaltung der Weinbergswege fordert, jedenfalls insoweit sie sich auf Privatwege bezieht, OVG. 11. Mai 1898 VerwBl. 20 S. 60. Wenn aber ein öffentliches Interesse vorliegt, kann durch PV. auch die Ausübung des Eigentums oder eines sonstigen wohlerworbenen Realrechts ohne vorgängige Regelung der Entschädigungsfrage beschränkt werden, KG. 21. Mai 1908 Recht 08 S. 648, vgl. § 15.

Es ist beim Erlaß von Polizeivorschriften, durch welche Handlungen verboten oder von polizeilicher Genehmigung abhängig gemacht werden, nur Voraussetzung, daß die Handlungen in ihrer Allgemeinheit geeignet sind, die öffentliche Ruhe, Sicherheit und Ordnung zu beeinträchtigen oder die nahe Wahrscheinlichkeit einer Schädigung von Personen herbeizuführen; davon, ob im Einzelfalle eine solche Beeinträchtigung oder Gefährdung wirklich herbeigeführt ist, ist die Anwendbarkeit einer derartigen Polizeivorschrift nicht abhängig, KG. 23. Februar 1903 Jhrb. 26 C S. 19,

OVG. 14. April 1904 Entsch. 45 S. 341, KG. 2. Juni 1910 DJZ. 1910 S. 1029. Hier zeigt sich insbesondere der wesentliche Unterschied zwischen einer PV. und einer polizeilichen Verfügung; während Gebote und Verbote, die in einer zu Recht bestehenden PV. enthalten sind, gesetzliche Kraft haben und daher alle Fälle, die von den gegebenen Vorschriften getroffen werden, unbedingt und ausnahmslos nach diesen Vorschriften beurteilt und erledigt werden müssen, auch wenn sie an und für sich betrachtet ein polizeiliches Einschreiten mangels der Voraussetzungen des § 10 II 17 ALR. nicht rechtfertigen würden, erfordert die Rechtsgültigkeit einer polizeilichen Verfügung, daß jene Voraussetzungen im einzelnen Fall zutreffen, OVG. 15. Januar 1907 Entsch. 49 S. 368.

II. Eine PV. kann Handlungen oder Unterlassungen mit Strafe bedrohen — vgl. bez. der Unterlassungen OTr. 6. Juni 1863 OR. 3 S. 487 —, sie kann zur Ergänzung eines bereits vom Gesetz mit Strafe bedrohten Tatbestandes dienen (vgl. Einleitung S. 16) oder auch sich auf die Strafandrohung hinsichtlich eines bereits bestehenden Gebots oder Verbots beschränken. Ausgeschlossen ist aber eine PV., wenn gegenüber den Untertanen weder ein Gebot, noch ein Verbot, noch eine Strafandrohung zum Ausdruck gebracht, vielmehr bloß für eine andere Behörde bindende Normen getroffen werden sollen; es ist deshalb eine PV., durch welche die polizeilichen Anforderungen an die zum Betriebe der Gastwirtschaft usw. bestimmten Lokale in der Absicht geregelt werden, dadurch die Behörden zu binden, denen die Erteilung der Konzession zusteht, unzulässig, OVG. 19. Januar 1898, 27. Mai 1899 Entsch. 33 S. 341, 35 S. 342.

Instruktionen (allgemeine Verfügungen, Dienstvorschriften, Reglements, Verwaltungsverordnungen im Gegensatz zu Rechtsverordnungen) einer höheren Behörde an nachgeordnete Behörden oder mit amtlichen Verrichtungen betraute Privatpersonen sind nur für den inneren Dienst bestimmte Anweisungen und enthalten keine Rechtsnorm; ihre Übertretung kann nur mit Disziplinar- nicht mit Kriminalstrafen bedroht werden, KG. 13. Mai 1901 Jhrb. 22 C S. 3; ungültig ist deshalb die Bestimmung einer PV., welche die Verabsäumung der einem öffentlich angestellten Fleischbeschauer in seiner Beamteneigenschaft durch Reglement auferlegten Pflichten mit Strafe bedroht, KG. 30. Juni 1902 Jhrb. 24C S. 77.

III. Eine PV. darf nicht lediglich den Zweck verfolgen, der Polizei die ihr obliegende Kontrolle und Beaufsichtigung zu erleichtern, KG. 11. März 1901 Jhrb. 21C S. 62, 25. April 1904 DJZ. 04 S. 509.

Ungültig ist deshalb:

eine PV., nach welcher jeder Gewerbetreibende die Urkunde über eine ihm gemäß §§ 16ff. Gew.O. erteilte Genehmigung jederzeit dem zuständigen Beamten vorzuzeigen hat, KG. 30. März 1903 Jhrb. 26C S. 5;

eine PV., nach der Nichthebammen, die im Notfalle geburtshilfliche Tätigkeit ausgeübt haben, hiervon der Ortspolizeibehörde Anzeige zu machen haben, KG. 23. November 1903 Jhrb. 27C S. 23;

eine PV., welche den Abfuhrunternehmern aufgibt, die Entleerung von Abortgruben mindestens 12 Stunden zuvor anzuzeigen, KG. 26. April 1906 Recht 07 S. 76;

eine PV., welche die Milchhändler verpflichtet, Milchproben nach einer bestimmten Stelle zum Zwecke der Untersuchung durch die Polizei zu schaffen, KG. 2. November 1908 Recht 09 S. 157;

eine PV., welche die Anmeldung des gewerbsmäßigen Milchverkaufs bei der Polizeibehörde des Wohnorts des Verkäufers vorschreibt, KG. 3. April 1911 Jhrb. 40C S. 398 (abweichend KG. 25. Januar 1892 Jhrb. 13 S. 263);

eine PV., welche bestimmt: Händler mit Branntwein- und Flaschenbierverkauf haben ihren Ladeneingang von der Straße aus so einzurichten, daß der innere Ladenraum von außen leicht zu übersehen ist, KG. 11. März 1901 Jhrb. 21C S. 62;

eine PV., welche von Hauseigentümern oder Hausverwaltern einen Ausweis über die Übertragung der Schornsteinreinigung an einen Bezirksschornsteinfeger verlangt, KG. 25. April 1910 DJZ. 1910 S. 829;

eine PV., durch die den Besitzern mehrerer Kühe die Verpflichtung auferlegt wird, die Milch dieser Kühe nur als Sammelmilch in den Verkehr zu bringen, KG. 2. Mai 1904 Jhrb. 27C S. 65;

die Bestimmung einer PV., welche verlangt, daß ein Exemplar der PV. in den Barbierstuben anzubringen sei, KG. 18. Januar 1909 Recht 09 S. 255, 6. Juni 1910 DJZ. 1910 S. 1301 gegen OVG. 1. April 1909 GA. 56 S. 337. Für gültig ist aber erachtet die Bestimmung einer Bau-PV., daß Bauschein und Bauvorlagen auf der Baustelle bereit zu halten seien, KG. 19. März 1906 Jhrb. 32C S 27.

Die Einreichung von Büchern — im Gegensatz zur Führung, Vorlegung, Revision — wird nur selten unter die Gesichtspunkte des § 6 zu bringen sein, im Interesse des allgemeinen polizeilichen Ermittelungsrechts kann sie nicht durch PV. angeordnet werden, weil Polizeiverordnungen zu dessen Schutz nicht erlassen werden dürfen, KG. 30. Juni 1902 Jhrb. 24C S. 77.

Unstatthaft ist es, die Nichtablieferung des einem Kraftwagenführer ausgestellten Befähigungszeugnisses, nachdem ihm das Führen von Kraftfahrzeugen allgemein untersagt ist, unter Strafe zu stellen, KG. 13. April 1908 Jhrb. 36C S. 13. Ungültig ist eine PV., wonach ein auswärts wohnender Hauseigentümer verpflichtet ist, im Orte einen Bevollmächtigten zu bestellen, an den alle für den Eigentümer bestimmten polizeilichen und sonstigen Verfügungen mit rechtlicher Wirkung für diesen ausgehändigt werden können, weil Gegenstand der Vorschrift ausschließlich die Leichtigkeit der Durchführung polizeilicher Anordnungen ist, KG. 6. Juli 1905 Jhrb. 30C S. 47. Zulässig ist es, durch PV. zu bestimmen, daß Hausbesitzer, welche nicht in dem Hause oder dessen Nähe wohnen, für das Haus einen Verwalter zu bestellen haben, OVG. 11. Dezember 1900 VerwBl. 23 S. 197.

IV. Polizeiverordnungen müssen sich so bestimmt ausdrücken, daß eine sichere Umgrenzung des gemeinten Tatbestandes möglich ist, KG. 23. März 1905 Jhrb. 29C S. 58. Ist eine PV. wegen ihrer zu allgemeinen oder zu weiten Fassung ungültig, so ist sie auch nicht gültig auf dem besonderen oder engeren Gebiet, über welches gültig verfügt werden durfte, in Wirklichkeit aber nicht verfügt worden ist; es ist nicht angängig, die rechtsungültige Bestimmung einer PV. für gültig zu erklären, wenn der konkrete Fall einen Tatbestand darstellte, der durch eine gültige PV. hätte getroffen werden können, KG. 26. September 1907 Jhrb. 34 C S. 11. Ungültig ist deshalb die Bestimmung einer das Verhalten der Bootsführer in einem Seebade betr. PV., welche vorschreibt: „Jedes Anreden von Fahrgästen auf dem Seesteg ist dem Schiffer untersagt", weil das Anreden auch zu einem anderen Zweck als zum Angebot der Boote erfolgen kann, KG. 2. Januar 1911 Recht 1911 S. 161; ebenso eine PV., welche die Knüttelung der Hunde, die zwar für den Fall vorgeschrieben werden kann, daß die Hunde sich auf öffentlicher Straße oder an Orten bewegen, wo Menschen zu verkehren pflegen, durch eine so allgemein gehaltene Vorschrift vorsieht, daß sie sich auf auch Hunde im Zimmer bezieht, KG. 17. Januar 1907 Recht 07 S. 1153. Gültig kann eine zu weit gefaßte PV. aber dann sein, wenn es möglich ist, sie durch einschränkende Auslegung auf ein der polizeilichen Regelung zugängliches Gebiet zu beschränken, KG. 9. November 1905 Jhrb. 31 C S. 3.

Ungültig ist hiernach:

eine PV., wonach Käufer und Verkäufer in den Markthallen gehalten sind, jegliche Verletzung des Anstandes und jede Störung der öffentlichen Ruhe und Ordnung zu unterlassen, KG. 22. September 1902 GA. 51 S. 62;

eine PV., wonach die Standgefäße für Milch vor 9 Uhr morgens „möglichst" verschlossen gehalten werden sollen, KG. 11. Dezember 1902 GA. 51 S. 62;

eine PV., wonach in Barbierstuben stets peinliche Sauberkeit herrschen muß, KG. 19. Oktober 1908 Jhrb. 36 C S. 82;

Verbot des „gewerblichen Verkehrs" während des Gottesdienstes durch PV., KG. 9. November 1905 Jhrb. 31 C S. 3;

eine PV., welche „auf der Straße jede die öffentliche Ordnung störende Handlung oder Äußerung" verbietet, KG. 25. Mai 1908 DJZ. 08 S. 1037;

eine PV., welche „jede Art von Futterkocherei in Schweinemästereien" für bestimmte Tageszeiten verbietet, weil darunter auch solche Kocherei fällt, bei der keine Gerüche entwickelt oder die Geruchsentwicklung durch sachgemäße Einrichtungen auf ein Mindestmaß beschränkt wird, KG. 25. März 1909 DJZ. 09 S. 605;

eine PV., welche bestimmt: „Das Verteilen und Feilbieten von Zeitungen, Zetteln und anderen Sachen an Stellen, an denen ein reger Verkehr herrscht, ist verboten", KG. 28. Januar 1909 Recht 09 S. 221;

eine PV. des Inhaltes, daß Kuhmilch nur „abgekühlt" als Voll- oder Magermilch in den Handel gebracht werden darf, KG. 1. März 1909 Recht 09 S. 254;

eine PV., welche im Viehhof das „übermäßige" Füttern und Tränken der Tiere verbietet, KG. 22. März 1909 Recht 09 S. 750;

die Bestimmung einer PV.: „Zu den vorgeschriebenen Meldungen sind auch diejenigen Personen verpflichtet, welche den Meldepflichtigen als Mieter, Hausoffizianten oder in sonstiger Weise aufgenommen haben, sofern sie sich nicht durch Einsicht der bezüglichen polizeilichen Bescheinigungen von der bereits erfolgten Meldung Überzeugung verschafft haben", KG. 30. Juni 1910 Recht 1910 S. 708;

die Bestimmung einer Bau-PV., daß ihre Vorschriften auf schon bestehende bauliche Anlagen nur insoweit Anwendung finden, als überwiegende Gründe der Sicherheit und Gesundheitspflege es unerläßlich machen, KG. 25. Oktober 1909 DJZ. 1910 S. 149. Dagegen geht es zu weit, wenn das KG. auch eine PV. für ungültig erklärt hat, welche verbot, Bahnanlagen zu beschädigen, Signale nachzuahmen oder „andere betriebsstörende Handlungen vorzunehmen", weil die Handlung bezeichnet werden müsse, die untersagt werden solle, und es nicht genüge, daß ein Erfolg angegeben werde, dessen Herbeiführung vermieden werden solle, KG. 23. Mai 1910 Recht 1910 S. 614; die verbotenen Handlungen sind durch das Merkmal der Eignung, Betriebsstörungen auf einer Eisenbahn hervorzurufen, genügend bestimmt bezeichnet (vgl. §§ 315 ff. StGB.).

V. Polizeiverordnungen, welche **keine der nachstehend bezeichneten Materien** betreffen und sich auch nicht auf den § 10 II 17 ALR. stützen können, sind **ungültig**. Ungültig ist deshalb eine PV., welche vorschreibt, daß alle zum Transporte von Leichen bestimmten Fuhrwerke stets und ausnahmslos im Schritt fahren müssen, KG. 29. Mai 1902 GA. 51 S. 62;

eine PV., welche bestimmt, „mit augenscheinlichen Schäden behaftete Pferde dürfen als Zugtiere nicht benutzt werden", KG. 23. Juni 1902 GA. 51 S. 63;

eine PV., die jugendlichen Personen das Tabakrauchen auf öffentlichen Straßen verbietet, KG. 4. Februar 1904 Jhrb. 27C S. 46. Ferner sind ungültig PV., welche das Inverkehrtreten mit Gefangenen verbieten, KG. 5. September 1895 Jhrb. 17 S. 389, 24. September 1896 Jhrb. 18 S. 351, RG. 16. Juni und 7. November 1899 Strafs. 32 S. 231 und 341, sowie solche, welche die Übertretung der Vorschriften eines Zwangspasses mit Strafe bedrohen, KG. 15. April 1897 GA. 45 S. 155, 30. Juni 1902 Jhrb. 24C S. 109. Der Gegenstand einer PV., welche bestimmt „Gesindevermieter, welche den Vorschriften der Gesindeordnung zuwider Dienstboten, die überhaupt nicht oder nicht in einem bestimmten Falle einen Gesindedienst anzunehmen befugt sind, weiter vermieten, werden bestraft" fällt nicht unter die dem Polizeiverordnungsrecht überwiesenen Materien, KG. 23. Dezember 1901 DJZ. 02 S. 226; ebensowenig gehört hierzu die ordnungsmäßige Erfüllung der militärischen Gestellungspflicht; eine PV., welche nur Störungen des Musterungsgeschäfts verhüten will, ist ungültig, KG. 11. November 1901 DJZ. 02 S. 203.

Die Regelung der Schulpflicht und Fixierung von Schulversäumnisstrafen darf nicht auf das Gesetz vom 11. März 1850 gegründet werden und ist nicht Sache der Polizeiverwaltung als solcher, sondern gehört zum Ressort der Regierungsabteilung für Kirchen- und Schulwesen. Diese, nicht der Regierungspräsident, auch nicht der Oberpräsident, kann auf Grund des § 11 der Instruktion vom 23. Oktober 1817 (vgl. Einleitung S. 18) und des § 48 ALR. II 12 Verordnungen mit Strafandrohung erlassen, welche an die Beachtung der für Polizeiverordnungen vorgeschriebenen Formen nicht gebunden sind, OTr. 19. September 1866 OR. 7 S. 486 vgl. auch KG. 8. März 1897 GA. 45 S. 77; die Bezeichnung solcher Verordnungen als Polizeiverordnungen macht sie nicht ungültig, wenn sie tatsächlich von der zuständigen Behörde erlassen sind und sich im Rahmen des Gesetzes halten, KG. 4. April 1901 Jhrb. 22C S. 74, OVG. 5. April 1898 Entsch. 34 S. 232;

vgl. ferner KG. 29. April 1889 Jhrb. 9 S. 279, 6. April 1893 Jhrb. 14 S. 274, 14. Juni 1894 GA. 42 S. 165, 7. Januar 1895 Jhrb. 16 S. 437, 11. März 1895 GA. 43 S. 428 in der Note, 11. April 1895 Jhrb. 16 S. 442. Eine PV., welche Störungen der Schule und Beleidigungen der Lehrer mit Strafe bedroht, entbehrt der Rechtsgültigkeit, KG. 19. März 1908 Jhrb. 35 C S. 42, 12. November 1908 Recht 09 S. 157. Die Polizei ist ferner nicht befugt, auf dem Gebiete des Privatunterrichts, zu dem auch das Turnen in einem Arbeiterverein gehört, auf Grund eigener Entschließung vorzugehen; auf Grund der Kabinetsorder vom 10. Juni 1834 kann grundsätzlich nur die Schulaufsichtsbehörde einen ohne ihre Genehmigung erteilten Privatunterricht verbieten, OVG. 27. März 1908 Recht 08 S. 863.

Auch die Ordnung des Besuchs der Fortbildungsschulen ist den Polizeibehörden nicht übertragen (vgl. § 120 Gew.O.), KG. 25. November 1889 und 28. April 1890 Jhrb. 10 S. 186 und 184.

VI. Die nachfolgende Aufzählung der der Regelung durch PV. zugänglichen Materien ist nicht nur für das ortspolizeiliche, sondern auch für das kreispolizeiliche (vgl. § 142 LVG. in Vorbem. zu §§ 11—14) und das landespolizeiliche Verordnungsrecht (vgl. Vorbem. zu §§ 11—14 und § 12) maßgebend. Es sind deshalb in den Anmerkungen auch Entscheidungen berücksichtigt, welche andere als ortspolizeiliche Verordnungen betreffen. Über die Grenzen des Wirkungskreises der Ortspolizeibehörden vgl. § 1 A. 1.

§ 6. Zu den Gegenständen der ortspolizeilichen Vorschriften gehören:

a) Der Schutz der Personen[1] und des Eigentums[2];

V. v. 20. September 1867 § 6 lit. a und Lauenb. Ges. § 7 lit. a übereinstimmend.

1. Als den Schutz der Personen betreffend sind für rechtsgültig erachtet worden:

eine PV., welche das Schießen aus Anlaß von Festlichkeiten ohne Erlaubnis der Ortspolizeibehörde verbietet, KG. 28. Dezember 1896 GA. 44 S. 432;

eine PV., welche die Wegnahme von Bäumen, die an öffentlichen Wegen stehen, von vorgängiger Genehmigung der Ortspolizeibehörde abhängig macht, KG. 20. Februar 1908 DJZ. 08 S. 429; sowie eine PV., welche anordnet, daß von der Mitte des Baumstammes nach der Feldseite zu ein bestimmter Raum ungepflügt bleiben muß, KG. 21. Mai 1908 DJZ. 08 S. 821;

eine PV., welche das Aufstellen und Aushängen von Warenmustern und Verkaufsgegenständen aller Art in den Tür- und Ladeneingängen, sowie vor den Glasscheiben der Fenster nach der Straße zu verbietet, weil sie bezweckt zu verhüten, daß die den Ladeneingang passierenden Personen durch Anstoßen an die dort aufgestellten Sachen oder durch Herabfallen der ausgehängten Gegenstände beschädigt werden, KG. 20. September 1900 DJZ. 01 S. 30, vgl. KG. 30. Januar 1896 Jhrb. 17 S. 392;

eine PV., welche das Ausstellen von Zeichen, welche die öffentliche Ruhe und Sicherheit zu gefährden geeignet sind, z. B. von Uhren, deren Deckel den polnischen Adler trägt, verbietet, KG. 14. November 1898 GA. 46 S. 391, vgl. auch unter b über Beschränkung der Zulässigkeit von Demonstrationen;

eine PV., welche verbietet, in öffentliche Versammlungs- und Vergnügungslokale (Schank- und Gastwirtschaften usw.) sowie in Verkaufsläden Hunde zu einer Zeit mitzubringen, während welcher diese Räume dem Verkehr geöffnet sind, KG. 8. März 1897 GA. 45 S. 78;

eine PV., wonach jeder Besitzer eines Hundes verpflichtet ist, denselben binnen 14 Tagen nach Anschaffung auf dem Rathause anzumelden (der Nebenzweck: Wahrung des Steuerinteresses beeinträchtigt die Gültigkeit nicht — vgl. § 17), KG. 17. Mai 1894 GA. 42 S. 78.

Über Polizeiverordnungen zum Schutze von Leben und Gesundheit vgl. unter f.

Als hierher gehörig ist ferner zu erwähnen Ges. über die Termine bei Wohnungsmietsverträgen vom 30. Juni 1834 (GS. S. 92) § 2: „Wo es nötig gefunden werden sollte, bei größeren Wohnungen die gesetzliche Räumungsfrist zu verlängern, kann solches, unter Berücksichtigung der bestehenden örtlichen Gewohnheiten, durch eine von der Ortspolizeibehörde zu erlassende Verordnung mit verbindlicher Kraft für alle Einwohner des betreffenden Orts angeordnet werden; solche Verordnungen bedürfen jedoch der Bestätigung der vorgesetzten Regierung. Die Regierungen werden hierüber von dem Ministerium des Innern und der Polizei mit Instruktion versehen werden." Vgl. hierzu Min.Erl. vom 26. August 1852 MBl. S. 221.

Den aus dem **Verkehr mit Sprengstoffen** entstehenden Gefahren beugen vor das RGes. v. 9. Juni 1884 (RGBl. S. 61) und die auf Grund seines § 2 erlassenen Anordnungen. Vgl. Min. PV. vom 14. September 1905 betr. den Verkehr mit Sprengstoffen (MBl. S. 173) und hierzu RG. 28. April 1910 GA. 58 S. 175.

Den **Schutz der Kinder** gegen die Gefahren einer zu frühen Ausnutzung ihrer Arbeitskraft bezweckt das am 1. Januar 1904 in Kraft getretene RGes. vom 30. März 1903 (RGBl. S. 113), welches sich aber nur auf die Beschäftigung von Kindern in Betrieben bezieht, welche als gewerbliche im Sinne der Gew.O. anzusehen sind. Im § 17 Abs. 2 ist den zum Erlaß von Polizeiverordnungen berechtigten Behörden ausdrücklich die Befugnis erteilt, durch Polizeiverordnungen die Beschäftigung von eigenen Kindern beim Austragen von Waren und bei sonstigen Botengängen über die gesetzlichen Bestimmungen hinaus zu beschränken. Nach § 30 stehen die Vorschriften des Reichsgesetzes überhaupt weitergehenden landesrechtlichen Beschränkungen der Beschäftigung von Kindern in gewerblichen Betrieben nicht entgegen.

Für rechtsgültig sind erachtet worden:

eine PV., welche bestimmt, daß schulpflichtige Kinder im Interesse ihrer Gesundheit in der Hausindustrie während bestimmter Tagesstunden nicht beschäftigt werden dürfen, KG. 8. Januar 1900 Jhrb. 20C S. 5;

eine PV., welche verordnet, daß schulpflichtige Kinder in der Zeit von 7 Uhr nachmittags bis 7 Uhr vormittags nicht zum Austragen von Backwaren und zur Leistung anderer gewerblicher Beschäftigungen verwendet werden dürfen, KG. 20. März 1899 Jhrb. 19 S. 233.

Dagegen ist ungültig:

eine PV., welche Arbeitgeber wegen Beschäftigung schulpflichtiger Kinder während der Unterrichtsstunden mit Strafe bedroht, weil die Regelung des Schulbesuchs und Bestrafung der Schulversäumnisse nicht zu den Gegenständen gehört, welche einer polizeilichen Regelung unterliegen (vgl. oben S. 59), KG. 27. April 1891 GA. 39 S. 387. Ebenso ist ungültig eine PV., welche die Indienstnahme schulpflichtiger Kinder ohne Erlaubnis des Lokalschulinspektors unter Strafe stellt, weil sie mit der Gesindeordnung in Widerspruch steht, KG. 30. Mai 1904 Jhrb. 28C S. 27, vgl. auch § 15. Die Verwendung schulpflichtiger Kinder zu öffentlichen Schaustellungen nicht gewerblicher Art kann durch PV. verboten werden, KG. 25. Juni 1906 Jhrb. 33C S. 65.

Zum Schutz der Arbeiter in gewerblichen Betrieben können Polizeiverordnungen auf Grund des § 120e Gew.O. erlassen werden, welcher in Verbindung mit §§ 120a—c lautet:

„**§ 120e.** Durch Beschluß des Bundesrats können Vorschriften darüber erlassen werden, welchen Anforderungen in bestimmten Arten von Anlagen zur Durchführung der in den §§ 120a bis 120c enthaltenen Grundsätze zu genügen ist.

Soweit solche Vorschriften durch Beschluß des Bundesrats nicht erlassen sind, können dieselben durch Anordnung der Landes-Zentralbehörden oder durch Polizeiverordnungen der zum Erlasse solcher berechtigten Behörden erlassen werden. Vor dem Erlasse solcher Anordnungen und Polizeiverordnungen ist den Vorständen der beteiligten Berufsgenossenschaften oder Berufsgenossenschafts-Sektionen Gelegenheit zu einer gutachtlichen Äußerung zu geben. Auf diese finden die Bestimmungen des § 113 Abs. 2, 4 und des § 115 Abs. 4 Satz 1 des Gewerbe-Unfallversicherungsgesetzes (Reichs-Gesetzbl. 1900 S. 573, 585) Anwendung.

Durch Beschluß des Bundesrats können für solche Gewerbe, in welchen durch übermäßige Dauer der täglichen Arbeitszeit die Gesundheit der Arbeiter gefährdet wird, Dauer, Beginn und Ende der zulässigen täglichen Arbeitszeit und der zu gewährenden Pausen vorgeschrieben und die zur Durchführung dieser Vorschriften erforderlichen Anordnungen erlassen werden.

Die durch Beschluß des Bundesrats erlassenen Vorschriften

sind durch das Reichs-Gesetzblatt zu veröffentlichen und dem Reichstage bei seinem nächsten Zusammentritte zur Kenntnisnahme vorzulegen.

§ 120 a. Die Gewerbeunternehmer sind verpflichtet, die Arbeitsräume, Betriebsvorrichtungen, Maschinen und Gerätschaften so einzurichten und zu unterhalten und den Betrieb so zu regeln, daß die Arbeiter gegen Gefahren für Leben und Gesundheit soweit geschützt sind, wie es die Natur des Betriebs gestattet.

Insbesondere ist für genügendes Licht, ausreichenden Luftraum und Luftwechsel, Beseitigung des bei dem Betrieb entstehenden Staubes, der dabei entwickelten Dünste und Gase, sowie der dabei entstehenden Abfälle Sorge zu tragen.

Ebenso sind diejenigen Vorrichtungen herzustellen, welche zum Schutze der Arbeiter gegen gefährliche Berührungen mit Maschinen oder Maschinenteilen oder gegen andere in der Natur der Betriebsstätte oder des Betriebs liegende Gefahren, namentlich auch gegen die Gefahren, welche aus Fabrikbränden erwachsen können, erforderlich sind.

Endlich sind diejenigen Vorschriften über die Ordnung des Betriebs und das Verhalten der Arbeiter zu erlassen, welche zur Sicherung eines gefahrlosen Betriebs erforderlich sind.

§ 120 b. Die Gewerbeunternehmer sind verpflichtet, diejenigen Einrichtungen zu treffen und zu unterhalten und diejenigen Vorschriften über das Verhalten der Arbeiter im Betriebe zu erlassen, welche erforderlich sind, um die Aufrechterhaltung der guten Sitten und des Anstandes zu sichern.

Insbesondere muß, soweit es die Natur des Betriebs zuläßt, bei der Arbeit die Trennung der Geschlechter durchgeführt werden, sofern nicht die Aufrechterhaltung der guten Sitten und des Anstandes durch die Einrichtung des Betriebs ohnehin gesichert ist.

In Anlagen, deren Betrieb es mit sich bringt, daß die Arbeiter sich umkleiden und nach der Arbeit sich reinigen, müssen ausreichende, nach Geschlechtern getrennte Ankleide- und Waschräume vorhanden sein.

Die Bedürfnisanstalten müssen so eingerichtet sein, daß sie für die Zahl der Arbeiter ausreichen, daß den Anforderungen der Gesundheitspflege entsprochen wird und daß ihre Benutzung ohne Verletzung von Sitte und Anstand erfolgen kann.

§ 120 c. Gewerbeunternehmer, welche Arbeiter unter 18 Jahren beschäftigen, sind verpflichtet, bei der Einrichtung der

Betriebsstätte und bei der Regelung des Betriebs diejenigen besonderen Rücksichten auf Gesundheit und Sittlichkeit zu nehmen, welche durch das Alter dieser Arbeiter geboten sind.“

Nach der Ansicht des Kammergerichts ist die Anhörung der beteiligten Berufsgenossenschaften oder Berufsgenossenschaftssektionen zwingend, und zwar sowohl für Bestimmungen zum Zwecke der Unfallverhütung als für solche zum Zwecke der Krankheitsverhütung, vorgeschrieben und eine solche PV. deshalb nur gültig, wenn aus ihrem verkündeten Wortlaute hervorgeht, daß die Anhörung erfolgt ist, KG. 27. Dezember 1900 Jhrb. 21C S. 3, 25. November 1901 Jhrb. 23C S. 3, 30. Mai 1904 Jhrb. 28C S. 3, 17. Mai 1906 Recht 07 S. 202. Dagegen hält das Reichsgericht (Strafs. 34 S. 368, 35 S. 262) eine ausdrückliche Kundgebung, daß die Anhörung erfolgt ist, nicht für erforderlich, vielmehr die Bezugnahme auf § 120e Gew.O. für ausreichend. Die auf Grund des § 120e Gew.O. erlassenen Vorschriften umfassen nur solche Aufenthalts- und Schlafräume von Arbeitern, welche dem Betriebe zu dienen bestimmt sind, KG. 17. April 1902 Jhrb. 24C S. 11, 5. Juni 1905 Jhrb. 30C S. 3; über nicht dem Betriebe dienende Schlaf- und Aufenthaltsräume vgl. unter lit. f. Sobald den gleichen Gegenstand betreffende Vorschriften durch Beschluß des Bundesrats erlassen werden, sind die vorher ergangenen Polizeiverordnungen ohne weiteres als beseitigt anzusehen, OVG. 27. Februar 1901 Entsch. 39 S. 297. Ist durch Bekanntmachung des Bundesrats der Höchstarbeitstag für eine bestimmte Art von Fabriken festgesetzt, so kann nicht die Polizeibehörde für eine einzelne Anlage dieser Art die Höchstarbeitszeit abweichend normieren, KG. 29. März 1900 DJZ. 00 S. 463. Eine PV., wonach vor Beginn des Gewerbebetriebes der Polizeibehörde eine Zeichnung und Beschreibung des Unternehmens einzureichen ist, liegt im Rahmen des § 120a Gew.O. KG. 9. Januar 1893 GA. 40 S. 367. Vgl. hierzu Grundzüge für Polizeiverordnungen betr. Arbeiterfürsorge auf Bauten MBl. 1911 S. 258.

2. Als den Schutz des Eigentums betreffend sind auch Polizeiverordnungen anzusehen, welche das Jagdrecht, einen Ausfluß des Eigentums, schützen sollen; es darf jedoch die betreffende

Materie nicht abschließend durch die Jagdgesetze geordnet sein. Demgemäß ist für rechtsgültig erachtet worden eine PV. betreffend sogenannte Wildlegitimationsatteste, weil ihr eigentlicher Zweck Schutz gegen Wilddiebstahl und die mit ihr verbundene Erleichterung des Aufsichtsrechts der Polizeibehörden nur notwendige Folge der diesen Zweck erstrebenden Vorschriften ist, KG. 15. Juni 1903 Jhrb. 26C S. 30 (die abweichende Ansicht Jhrb. 24C S. 52 und 87 ist aufgegeben). Jetzt ist § 46 der Jagdordnung vom 15. Juli 1907 (für Hannover § 9 des Wildschongesetzes vom 14. Juli 1904) maßgebend, welcher bestimmt:

„Die Versendung von Wild darf nur unter Beifügung eines Ursprungsscheins erfolgen.

Die näheren Vorschriften werden von dem Oberpräsidenten oder dem Regierungspräsidenten im Wege der PV. erlassen; hierbei können von dem Erfordernisse des Ursprungsscheins bezüglich einzelner kleinerer Wildarten Ausnahmen gestattet werden.

Ältere Polizeiverordnungen sind aber weder durch das Wildschongesetz noch durch die Jagdordnung berührt worden, KG. 22. Juni 1905 Jhrb. 30C S. 21, 13. Juli 1908 Jhrb. 36C S. 37, 18. Februar 1909 PolizeiZ. 09 S. 410. Ferner sind rechtsgültig Polizeiverordnungen des Inhalts, daß Hunde auf fremden Jagdrevieren nicht laufen gelassen werden dürfen, wenn sie nicht mit einem Knüppel versehen sind, der sie an der Aufsuchung und Verfolgung des Wildes hindert, KG. 29. April 1895 GA. 43 S. 156, vgl. auch KG. 6. November 1893 GA. 41 S. 454; derartige Polizeiverordnungen können auch die Knüttelung von Jagdhunden, solange sie nicht bei Ausübung der Jagd gebraucht werden, vorschreiben, ohne mit §§ 64 ff II 16 ALR. in Widerspruch zu treten, KG. 18. April 1904 DJZ. 04 S. 749 (vgl. auch oben S. 57). Polizeiverordnungen, die das Betreten fremder Grundstücke zum Zwecke des Fangens wilder Kaninchen von der Zustimmung des Grundeigentümers und des Jagdberechtigten abhängig machen, sind rechtsgültig und stehen mit der Jagdordnung nicht in Widerspruch, KG. 22. April 1897 Jhrb. 18 S. 279, 16. September 1901 Jhrb. 22C S. 109; 25. April 1907 Recht 07 S. 1088, 23. April 1908 Jhrb.

36C S. 36, 21. Mai 1908 Jhrb. 36C S. 34, 3. September 1910 Recht 1910 S. 750; OVG. 24. Oktober 1910 DJZ. 1911 S. 710; RG. 3. Dezember 1894 Straff. 26 S. 266, 28. Dezember 1909 Straff. 43 S. 162.

Über die Zulässigkeit einer PV. in Schleswig-Holstein, welche bestimmt, daß in einem gewissen Umkreise einer konzessionierten Vogelkoje zu einer bestimmten Jahreszeit die Erregung von Lärm verboten ist, vgl. KG. 18. Januar 1900 Jhrb. 20C S. 51.

Polizeiverordnungen zum Schutze des Fischereirechts sieht vor § 19 des Fischereigesetzes vom 30. Mai 1874 (GS. S. 197), welcher lautet:

„Die ohne Beisein des Fischers zum Fischfange ausliegenden Fischerzeuge müssen mit einem Kennzeichen versehen sein, durch welches die Person des Fischers ermittelt werden kann. Über die Art der Kennzeichnung sind die näheren Vorschriften für genossenschaftliche Reviere durch das Genossenschaftsstatut, für andere Reviere im Wege der Polizeiverordnung zu erlassen."

Zuwiderhandlungen werden nach § 49 Nr. 2 des Fischereigesetzes bestraft. Über die Gültigkeit des Verbots des Verkaufs von Krebsweibchen während der Schonzeit auf Grund von § 10 der V. v. 8. August 1887 vgl. KG. 29. November 1894 Jhrb. 16 S. 411. Nur der Verkauf kann untersagt werden, nicht die Versendung, KG. 6. Juli 1908 Recht 09 S. 182. Ungültig ist eine PV., welche das Verkaufen und Feilbieten von Krebsen allgemein beschränkt, KG. 11. Februar 1909 Recht 09 S. 648. Im übrigen ist durch das Fischereigesetz das allgemeine Verordnungsrecht der Polizeibehörden, soweit der Schutz der Fischerei in Betracht kommt, beseitigt, KG. 16. Juni 1904 Jhrb. 28C S. 18, 29. Juni 1905 Jhrb. 30C S. 24.

Den Schutz des Eigentums betrifft eine PV., welche das Weiden des Viehes am Rande eines Privatflusses verbietet, KG. 25. Februar 1909 Recht 09 S. 300.

Die zulässigen Maßregeln gegen Viehseuchengefahr sind durch die Reichsgesetzgebung, nämlich das Ges. betr. Maßregeln gegen die Rinderpest vom 7. April 1869 (BGBl. S. 105) und das Viehseuchengesetz vom 26. Juni 1909 (RGBl. S. 519) erschöpfend geregelt; daneben kommen nur noch die durch § 56b Gew.O. zugelassenen Bestimmungen in Betracht. Weitergehende Maßnahmen können durch PV. nicht vorgeschrieben werden (vgl. Jhrb. 23C S. 53, 26C S. 43, 28C S. 68). Auch das freie Umherlaufenlassen der Hunde kann zum Schutz gegen Seuchengefahr nicht in weiterem Umfange verboten werden als es durch das erwähnte Reichsgesetz geschehen ist; möglicherweise kann aber eine diesbezügliche PV. ihre rechtliche Grundlage in lit. b oder f finden, insbesondere steht eine PV., welche zum Schutze des öffentlichen Verkehrs verbietet, daß sich Hunde ohne Aufsicht auf der Straße aufhalten, nicht in Widerspruch mit den Bestimmungen in § 366 Nr. 5 und § 367 Nr. 11 StGB., OHG. 7. Januar 1876 Entsch. 19 S. 347 (vgl. auch unter lit. b und h).

Rechtsgültig sind Körordnungen, weil sie Schutz und Hebung der Viehzucht bezwecken, auch wenn dadurch das Recht einer Genossenschaft zum Halten von Zuchttieren illusorisch gemacht wird; ihre Gültigkeit wird auch durch die Bestimmungen der Gew.O. nicht beeinträchtigt, KG. 8. Dezember 1887 Jhrb. 8 S. 237; 13. Januar 1890 Jhrb. 10 S. 167, 20. März 1893 Jhrb. 14 S. 269, 1. November 1894 Jhrb. 16 S. 480, 31. Januar 1895 Jhrb. 16 S. 482, 20. September 1897 GA. 45 S. 384, 20. Juni 1898 GA. 46 S. 235, 4. Februar 1904 Jahrb. 27C S. 76; insbesondere ist auch die Bestimmung einer Körordnung, durch die dem Besitzer eines angekörten Stieres bei Strafandrohung die Verpflichtung auferlegt wird, an Deckgeld einen festgesetzten Mindestbetrag zu nehmen, gültig, KG. 4. Februar 1904 Jhrb. 27C S. 76.

Zum Schutz gegen schädliche Tiere können durch PV. Maßnahmen vorgeschrieben, insbesondere kann das Bespritzen der Weinpflanzungen zur Abwehr des Meltaues anbefohlen werden, KG. 29. Mai 1902 Jhrb. 24C S. 106, desgleichen das Einsammeln der Maikäfer, OTr. 4. März 1869 GA. 17, S. 349, vgl. § 368 Nr. 2 StGB., § 34 d. Feld- und Forstpolizeigesetzes v. 1. April 1880 (GS. S. 230). Polizeiverordnungen zum Schutze ausschließlich schädlicher Tiergattungen sind unzulässig; ist aber eine Tiergattung zugleich nützlich und schädlich und ist ihre Tötung nicht durch ein besonderes Landesgesetz gestattet, so ist es Sache der Verwaltungsbehörden zu bestimmen, ob ihr ein polizeilicher Schutz zu gewähren ist; eine PV., welche das Töten der Störche verbietet, ist deshalb rechtsgültig und verpflichtet auch den Jagd- und Fischereiberechtigten, KG. 26. Juni 1902 Jhrb. 24 C S. 90. Dagegen kann eine PV., die das Töten der Möven verbietet (vgl. GA. 51 S. 65), nicht mehr für gültig erachtet werden, seitdem durch § 1 des Wildschongesetzes v. 14. Juli 1904 die Möven zu jagdbaren Tieren erklärt sind (vgl. auch § 1 d. Jagdordnung v. 15. Juli 1907).

Der Tierschutz darf nicht der ausschließliche Zweck einer PV. sein, KG. 22. Mai 1905 DJZ. 05 S. 917. Eine PV., welche die Benutzung eines Doppeljochs als Viehkoppelung verbietet, ist deshalb ungültig, KG. 15. Oktober 1894 Jhrb. 16 S. 484.

Eine PV., welche für die zur Beförderung von Schlachtvieh benutzten Fuhrwerke bestimmte Maße vorschreibt, fällt nicht ausschließlich unter den Gesichtspunkt des Tierschutzes, sondern in erster Linie unter den des Schutzes der menschlichen Gesundheit, KG. 15. Dezember 1904 DJZ. 05 S. 221. Ebenso ist eine PV. gültig, welche bestimmt, daß Vieh nur nach Betäubung mittels Kopfschlags geschlachtet werden darf und daß dabei zwei kräftige männliche Personen tätig sein müssen, weil sie nicht nur Bewahrung der Tiere vor Qualen, sondern auch den Schutz des Publikums bezweckt KG. 5. Juni 1905 DJZ. 05 S. 1012, 26. Juli 1906 VerwBl. 28 S. 224. Wenn indessen eine PV. selbst den Schutz des Viehes gegen Mißhandlung als den von ihr verfolgten Zweck angibt, so bleibt es außer Betracht, daß die Vorschrift unter Umständen auch einem anderen Zweck dienen kann, KG. 3. Mai 1906 VerwBl. 28 S. 224.

Auch Polizeiverordnungen, welche dem Schutze des Eigentums ähnliche Zwecke verfolgen, sind als rechtsgültig anzuerkennen. So ist für rechtsgültig erachtet eine PV., welche bestimmt, daß jeder Inhaber eines offenen Geschäftslokals verpflichtet ist, seinen ausgeschriebenen Vor- und Zunamen an seinem Geschäftslokale anzubringen, weil sie dazu dienen soll, allen Personen, welche mit dem Geschäft als solchem in Verbindung treten, die Kenntnis davon zu erleichtern, wer Inhaber des Geschäfts ist, an wen sie sich also wegen etwaiger Ansprüche zu halten haben, weil der Zweck der PV. also dem Schutze des Eigentums ähnlich ist, KG. 2. Januar 1896 Jhrb. 17 S. 333, 22. Juni 1896 GA. 44 S. 188; ebenso eine PV., welche anordnet, daß Melkvieh, bevor es auf den Viehmarkt aufgetrieben wird, ausgemolken werden muß, weil sie den Zweck verfolgt, das Publikum vor Beeinträchtigung seitens betrügerischer Viehhändler zu schützen, KG. 22. Mai 1905 DJZ. 05 S. 917; vgl. auch KG. 15. März und 10. Dezember 1894 Jhrb. 15 S. 238, 16 S. 314. Zulässig ist auch das Verbot des Vertriebs geldähnlich hergestellter, als Spielmarken, Medaillen usw. in den Verkehr gebrachter Fabrikate, wenn ihre äußere Ähnlichkeit mit dem Gelde so groß ist, daß eine Verwechselung nicht selten eintreten kann und nur bei Aufwendung eines solchen Grades von Aufmerksamkeit vermieden werden kann, welcher im Verkehr nicht üblich ist, OVG. 12. Oktober 1889 Entsch. 18 S. 406.

b) Ordnung, Sicherheit und Leichtigkeit des Verkehrs auf öffentlichen Straßen, Wegen und Plätzen, Brücken, Ufern und Gewässern;[3]

V. v. 20. September 1867 § 6 lit. b und Lauenb. Ges. § 7 lit. b übereinstimmend.

3. I. Ergänzend greift hier § 366 Nr. 10 StGB. ein, welcher bestimmt:

„Mit Geldstrafe bis zu 60 Mark oder mit Haft bis zu 14 Tagen wird bestraft:

10. wer die zur Erhaltung der Sicherheit, Bequemlichkeit, Reinlichkeit und Ruhe auf den öffentlichen Wegen, Straßen, Plätzen oder Wasserstraßen erlassenen Polizeiverordnungen übertritt."

Das Strafmaß des § 366 Nr. 10 StGB. ist für alle zu den bezeichneten Zwecken erlassenen Polizeiverordnungen maßgebend, und zwar auch für alle früher ergangenen Polizeiverordnungen, welche in die darin bezeichneten Kategorien fallen, gleichviel ob diese selbst eine eigene Strafandrohung enthalten oder nicht, RG. 4. Februar 1898 Strafs. 30 S. 437, KG. 6. Juli 1891 Jhrb. 12 S. 224. Abweichende Strafandrohungen dürfen solche Polizeiverordnungen nicht treffen, insbesondere kann die im § 366 Nr. 10 bestimmte Mindeststrafe über diese Grenze nicht durch PV. erhöht werden, KG. 30. September 1888 Jhrb. 8 S. 202, 15. Juni 1905 Jhrb. 30 C S. 18. Wenn eine zur Erhaltung der Reinlichkeit auf den Straßen erlassene PV. keine besondere Strafandrohung enthält, so ist diese aus § 366 Nr. 10 zu ergänzen, OTr. 8. Juli 1868 OR. 9 S. 437. Ist in einer Straßenpolizeiverordnung lediglich die Strafe des § 366 Nr. 10 StGB. angedroht, so kann die Übertretung solcher an sich gültigen Vorschriften der PV., die sich dem § 366 Nr. 10 nicht unterordnen lassen, bei dem Mangel einer Strafandrohung nicht verfolgt werden, KG. 29. Dezember 1906 Jhrb. 33 C S. 5. Übrigens fallen unter § 366 Nr. 10 StGB. nur eigentliche Polizeiverordnungen, nicht sonstige Polizeivorschriften, Polizeianordnungen, KG. 12. Mai 1902 GA. 51 S. 59.

II. Der Begriff der Öffentlichkeit ist im Reichsstrafrecht ein anderer als im preußischen Verwaltungsrecht. Das Reichsstrafrecht versteht unter öffentlichen Wegen usw. alle tatsächlich öffentlichen Wege usw., dagegen werden in § 6 b und den auf Grund dieser Bestimmung erlassenen Polizeiverordnungen unter öffentlichen Wegen usw. ausschließlich rechtlich öffentliche Wege usw. verstanden, KG. 11. März 1901 Jhrb. 21 C S. 90, 24. April 1902 GA. 51 S. 61, 4. Februar 1907 Recht 07 S. 1553, 6. Juni 1910 Recht 1910 S. 781. Öffentlich im Rechtssinne ist ein Weg, wenn er nachweislich dem öffentlichen Verkehr unter Zustimmung aller Rechtsbeteiligten — der Wegepolizeibehörde, der Wegunterhaltungspflichtigen und des Eigentümers — gewidmet worden ist, oder wenn die dauernde und ungestörte Benutzung seitens des Publikums unter Umständen erfolgt ist, welche erkennen lassen, daß eine derartige Widmung stattgefunden hat, vgl. OVG. 27. Oktober 1891 VerwBl. 13 S. 187, 18. Mai 1905 VerwBl. 26 S. 942, 12. Dezember 1907 VerwBl. 29 S. 563, 23. Mai 1910 VerwBl. 32 S. 516; RG. 24. April 1908 Recht 08 S. 460, 28. September

1908 Recht 08 S. 886, 13. März 1909 Recht 09 S. 299, 9. Mai 1911 Recht 1911 S. 452. Eine Freigabe zu jedem beliebigen Verkehr ist nicht erforderlich; ein Bahnhofsvorplatz, der zum Zwecke des Verkehrs mit dem Bahnhof dem Publikum schlechthin freisteht, ist ein öffentlicher Platz im Sinne des § 6b, RG. 26. April 1909 Strafs. 42 S. 313. Eine PV. kann zwar auch zum Schutze des bloß tatsächlich öffentlichen Verkehrs auf Privatwegen und Privatgrundstücken ergehen, die dabei anzulegenden rechtlichen Gesichtspunkte sind aber wesentlich andere als die für rechtlich öffentliche Wege und Grundstücke geltenden. Vor allem unterliegen tatsächlich, nicht rechtlich, öffentliche Wege der verkehrspolizeilichen Einwirkung nur, soweit und solange der öffentliche Verkehr auf ihnen besteht; der Eigentümer ist, wenn ihn keine rechtliche Verpflichtung zur Gestattung bindet, jederzeit berechtigt, diesen aufzuheben, KG. 30. Mai 1901 Jhrb. 22C S. 34, vgl. auch KG. 17. Juni 1889 Jhrb. 9 S. 245. Ferner können zwar, solange mit Einwilligung des Eigentümers der öffentliche Verkehr besteht, zu dessen Schutze materiell ebenso weitgehende Polizeiverordnungen ergehen wie bei rechtlich öffentlichen Wegen, Straßen und Plätzen, aber die Befugnis der Polizei entspringt dann nicht aus § 6b, sondern sie muß sich je nach Lage der Verhältnisse auf einen der anderen Buchstaben dieses Paragraphen — etwa a, c oder d — stützen, KG. 28. Mai 1906 Recht 07 S. 327, 21. Januar 1907 Recht 07 S. 1153, 11. September 1908 Recht 08 S. 823, 26. September 1910 Recht 1911 S. 781. Was insbesondere die polizeilichen Anforderungen bezüglich der Reinhaltung und Ausbesserung angeht (vgl. unten S. 77), so müssen sich diese nicht wie bei rechtlich öffentlichen Straßen usw. gegen die Gemeinde oder die Adjazenten als die öffentlich-rechtlich Verpflichteten wenden, weil es solche hier nicht gibt, sondern gegen den Eigentümer des Wegekörpers bzw. den Veranlasser, KG. 24. April 1902 GA. 51 S. 61, 20. September 1910 Recht 1910 S. 781. Mit Rücksicht auf diese Grundverschiedenheit der rechtlichen Voraussetzungen und regelmäßig auch des Umfangs und Inhalts der polizeilichen Anforderungen gegenüber rechtlich öffentlichen und bloß tatsächlich öffentlichen Wegen usw. ist jede PV. sorgfältig darauf zu prüfen, ob sie neben ersteren auch letztere und welche von ihnen umfaßt, KG. 11. März 1901 Jhrb. 21 C S. 90, vgl. auch KG. 21. Mai 1908 DJZ. 08 S. 821.

III. Die **Grenzen der aus lit. b resultierenden Befugnis der Polizeibehörden** sind insoweit, als auch die Leichtigkeit des Verkehrs auf rechtlich öffentlichen Straßen Zweck der Polizeiverordnungen sein darf, etwas weiter gesteckt als im § 10 ALR. II 17, (vgl. oben S. 52), KG. 5. Dezember 1901 Jhrb. 23 C S. 13, 7. Juni 1906 DJZ. 06 S. 1097, 22. Februar 1909 Recht 09 S. 300, 2. Juni 1910 DJZ. 1910 S. 1085, OVG. 24. April 1902 Entsch. 41 S. 322, 20. November 1908 VerwBl. 30 S. 526; die Polizeibehörden sind deshalb für befugt zu erachten, durch PV. das auf öffentlichen Wegen, Straßen und Plätzen verkehrende Publikum vor Nachteilen und Belästigungen — nicht bloß vor Gefahren — durch Verbreitung schädlicher Dünste oder starken Rauchs oder durch Erregung ungewöhnlichen Geräusches sicher zu stellen, OVG. 21. Oktober 1889 Entsch. 18 S. 302, KG. 21. November 1904 DJZ. 05 S. 126.

Eine **Ergänzung der lit. b, namentlich in Ansehung baupolizeilicher Befugnisse** enthalten § 66 ALR. I 8, wonach „zum Schaden oder zur Unsicherheit des gemeinen Wesens, oder zur Verunstaltung der Städte und öffentlichen Plätze, kein Bau und keine Veränderung vorgenommen werden“ soll — OVG. 17. Dezember 1890 Entsch. 20 S. 395, 20. November 1908 Entsch. 53 S. 397 — und die §§ 78—82 ALR. I 8, welche lauten:

„§ 78. Die Straßen und öffentlichen Plätze dürfen nicht verengt, verunreinigt, oder sonst verunstaltet werden.

§ 79. Besonders darf niemand, ohne ausdrückliche Bewilligung der Obrigkeit, einen Kellerhals oder anderes dergleichen Nebengebäude auf die Straße zu anlegen.

§ 80. Auch die Einrichtung von Keller- und Ladentüren, welche auf die Straße gehen, die Anlegung neuer, oder Wiederherstellung eingegangener Erker, Löben und auf die Straße hinaus gießender Dachrinnen; die Aufsetzung von Wetterdächern und in die Straße hinein sich erstreckenden Schildern, sowie die Errichtung von Blitzableitern, darf nur unter Erlaubnis der Polizeiobrigkeit und nach den von dieser zu erteilenden Anweisungen vorgenommen werden.

§ 81. Übrigens aber kann jeder Hauseigentümer den sogenannten Bürgersteig, so weit er das Steinpflaster zu unterhalten hat, unter den § 78 bestimmten Einschränkungen nutzen.

§ 82. Nähere Bestimmungen über die §§ 78—81 berührten Gegenstände bleiben den besonderen Polizeigesetzen eines jeden Ortes vorbehalten.

Diese Bestimmungen sind, da sie öffentliches Recht enthalten, durch Art. 89 Ib AG. z. BGB. nicht beseitigt — KG. 23. Februar 1903 Jhrb. 26C S. 19 —, gelten aber nur in den landrechtlichen Bezirken der Monarchie, OVG. 7. Juni 1907 Recht 07 S. 1485. § 66 ALR. I 8 ist keinesweges so aufzufassen, daß sich seine Vorschrift nur auf Neuanlagen erstrecke, sondern sie greift weiter und räumt auch bei Maßnahmen, die sich nur auf die Unterhaltung bestehender Gebäude beziehen, ästhetischen Rücksichten in gewissem Grade einen bestimmenden Einfluß ein, OVG., 8. Dezember 1902 DJZ. 03 S. 276. Die in diesen Gesetzesstellen behandelte Verunstaltung muß aber, um ein polizeiliches Einschreiten zu rechtfertigen, eine grobe Verunstaltung sein, welche einen positiv häßlichen, jedes offene Auge verletzenden Zustand herbeiführt; Anforderungen, welche von einem feineren Gefühl gestellt, von einem höheren, nach bestimmter künstlerischer Richtung hin entwickelten Bildungsgrad aus bemessen werden, können nicht erhoben werden, OVG. 24. November 1903 Entsch. 44 S. 388. Dabei ist indessen auf die Umstände des einzelnen Falles Rücksicht zu nehmen; für Straßen und Plätze in einer besonders bevorzugten Lage können auch besondere Anforderungen gestellt werden, OVG. 10. Mai 1904 Entsch. 45 S. 393, 2. Oktober 1909 Entsch. 55 S. 410. Vgl. ferner Ges. v. 2. Juni 1902 und v. 15. Juli 1907 (unten § 12 A. —).

Von den hiernach zulässigen Beschränkungen in der Bebauung von Grundstücken sind hier zu erwähnen (vgl. weitere unter lit. f und g):

Durch PV. kann den Hausbesitzern untersagt werden, das Dachwasser auf die anstoßende Straße abfließen zu lassen, OTr. 7. April 1870 OR. 11 S. 236;

die Polizei braucht nicht zu dulden, daß der Luftraum einer Straße über ein bestimmtes Maß hinaus durch Schutzdächer, Markisen, Firmenschilder usw. beliebig versperrt und eingeengt wird; eine PV., welche die Zulassung jener Einrichtungen vom Ermessen der Polizeibehörde abhängig macht, ist rechtsgültig, OVG. 16. Februar 1903 DJZ 03 S. 431;

durch PV. kann die Befugnis zur Errichtung und Ausbesserung von Zäunen an Gemeindewegen von der vorherigen Bestimmung der Richtungslinie durch die Polizeibehörde abhängig gemacht werden, KG. 16. April 1888 Jhrb. 8 S. 201;

durch PV. kann bestimmt werden, daß da, wo eine Baufluchtlinie nicht besteht, in einer gewissen Entfernung von der Grenze eines öffentlichen Weges Gebäude nicht errichtet werden dürfen, KG. 12. Febraur 1903 Jhrb. 25C S. 62, 8. Februar 1894 GA. 42 S. 315, OVG. 27. Juni 1884 Entsch. 11 S. 374, 18. Februar 1901 Entsch. 39 S. 360, 16. Dezember 1903 VerwBl. 25 S. 646, 13. Dezember 1906 VerwBl. 28 S. 839, 3. Mai 1907 Entsch. 50 S. 425 (abweichend KG 22. Januar 1894 Jhrb. 15 S. 293);

durch PV. kann verboten werden, daß ein Gebäude hinter der Baufluchtlinie errichtet wird, OVG. 18. Oktober 1907 Entsch. 51 S. 396;

durch PV. kann vorgeschrieben werden, daß, wo im Bebauungsplan von den Straßenfluchtlinien abweichende Baufluchtlinien festgesetzt sind, die zwischen beiden Linien liegenden Flächen mit Ausnahme der Eingänge von den Hauseigentümern gärtnerisch anzulegen sind, OVG. 31. Oktober 1905 VerwBl. 28 S. 161;

durch PV. kann da, wo durch einen Fluchtlinienplan die Anlegung von Vorgärten in Aussicht genommen ist, die Art der Einrichtung der Vorgärten und ihrer Einfriedigung geregelt, nicht aber ohne entsprechende Fluchtlinienfestsetzung die Herstellung von Vorgärten angeordnet werden, OVG. 4. April 1898 Entsch. 33 S. 422, vgl. OVG. 26. September und 22. Oktober 1889 Entsch. 18 S. 371 und 376, 19. November 1910 VerwBl. 32 S. 648;

durch PV. kann die Benutzung des sogenannten Vorgartenlandes zu gewerblichen Zwecken von polizeilicher Genehmigung abhängig gemacht werden, KG. 30. Mai 1901 Jhrb. 22C S. 31, 11. Juni 1906 DJZ. 06 S. 1209;

durch PV. kann, wo das polizeiliche Interesse es erfordert, die Anlegung von straßenseitigen Ausgängen für bestimmte Strecken öffentlicher Straßen oder für bestimmte Arten von Gebäuden ganz verboten werden, OVG. 9. Mai 1881 Entsch. 8 S. 290.

Auch einzelne Teile eines Polizeibezirks können durch PV. aus polizeilich zulässigen Rücksichten Beschränkungen hinsichtlich der Baufreiheit unterworfen werden, OVG. 8. Juni 1909 VerwBl. 31 S. 97. Anlagen, welche durch Verbreitung schädlicher Dünste, durch Erregung störenden Geräusches usw. Gefahren für das Leben oder die Gesundheit des Publikums zur Folge haben oder die Sicherheit und Leichtigkeit des Verkehrs auf öffentlichen Wegen beeinträchtigen, insbesondere alle Fabriken, bei denen Gefährdung und Belästigung in der bezeichneten Richtung als Regel vorausgesetzt werden darf, können durch PV. von bestimmten Teilen eines Kommunalbezirks ausgeschlossen werden, OVG. 3. November 1898 Entsch. 34 S. 394, 17. November 1902 Entsch. 42 S. 361, 28. Mai 1903 VerwBl. 25 S. 130, KG. 24. März 1905 DJZ. 05 S. 554, denn auch die unter die Gew.O. fallenden Gewerbebetriebe unterstehen den allgemeinen bau-, feuer-, straßen- und gesundheitspolizeilichen Verordnungen, d. h. denjenigen, welche für alle gelten, sie mögen Gewerbe betreiben oder nicht; dagegen sind solche Polizeiverordnungen, welche sich ausschließlich gegen Gewerbebetriebe richten, unzulässig, es sei denn, daß sie gemäß § 16 Gew.O. getroffen waren, KG. 5. Dezember 1901 Jhrb. 23C S. 13, OVG. 18. Dezember 1905 VerwBl. 28 S. 158, 11. Juni 1910 VerwBl. 32 S. 502. Eine PV., nach welcher in einem bestimmten Bezirk keine gewerblichen Anlagen hergestellt oder betrieben werden dürfen, ist deshalb ungültig, OVG. 24. April 1902 Entsch. 41 S. 322, ebenso eine PV., welche die Errichtung gewerblicher Viehhaltungen für gewisse Stadtviertel verbietet, OVG. 23. März 1906 VerwBl. 30 S. 25.

In den ehemals französischen Gebietsteilen Preußens, wo

§ 66 I 8 ALR. nicht gilt, ist eine PV. ungültig, welche bestimmt, daß die Straßenfronten aller Bauten an Straßen in der Bauflucht- linie errichtet werden müssen, OVG. 7. Juni 1907 Recht 07 S. 1485.

IV. Was die Straßenreinigungspflicht anbetrifft, so ist von dem Grundsatze auszugehen, daß durch Polizeiverordnungen keine neuen Verbindlichkeiten begründet, bestehende Verbindlichkeiten nicht auf andere Personen als die zunächst Verpflichteten übertragen werden können — OVG. 26. November 1881 Entsch. 8 S. 356, vgl. § 15. Die Pflicht zur polizeimäßigen Reinigung d. h. zur Reinigung, die nicht bloß aus Verkehrsrücksichten erfolgt, sondern auch weitergehenden polizeilichen Anforderungen, insbesondere der Gesundheitspflege und Reinlichkeit Rechnung tragen muß, liegt nun nach feststehender Rechtsprechung des Oberverwaltungsgerichts, Reichsgerichts und des früheren Obertribunals an sich der Gemeinde ob (vgl. § 3), sofern sie nicht observanzmäßig für die Anlieger begründet ist, OVG. 29. November 1876 Entsch. 1 S. 265, 5. Oktober 1892 Entsch. 23 S. 378, 8. Juni 1905 VerwBl. 27 S. 247, RG. 6. Juni 1896 GA. 44 S. 435 (Zivils.), 10. Oktober 1910 JW. 1910 S. 1012 Nr. 33 — über polizeimäßige Reinigung von Chausseen vgl. OVG. 21. Mai 1905 VerwBl. 27 S. 177 —. Dieser Ansicht hat sich das Kammergericht unter Mißbilligung seines in zahlreichen früheren Entscheidungen (vgl. z. B. Jhrb. 6 S. 282, 9 S. 244, 13 S. 336, 16 S. 390 u. 392 u. 399) dargelegten abweichenden Standpunktes angeschlossen, jedoch weiter angenommen, daß die Reinigungspflicht hinsichtlich der Ortsstraßen den Anliegern nicht nur durch Observanz und Gesetz, sondern auch durch ein vom Bezirksausschuß bestätigtes Ortsstatut auferlegt werden kann, KG. 7. April 1902 Jhrb. 24 C S. 41, 28. Juni 1906 Recht 07 S. 328, 2. Januar 1908 Recht 08 S. 250, 13. Januar 1908 Recht 08 S. 342, 28. November 1910 Jhrb. 40 C S. 424. Dagegen wird die Zulässigkeit der Begründung der Straßenreinigungspflicht durch Ortsstatut bestimmt verneint, OVG. 29. Mai 1905 VerwBl. 27 S. 177, 28. Februar 1908 VerwBl. 30 S. 646, 24. September 1908 Entsch. 53 S. 259. Nur soweit durch einen der vorstehend genannten Rechtstitel die Straßenreinigungspflicht bereits für die Anlieger begründet ist, kann durch PV. diese Pflicht im einzelnen geregelt, insbesondere das Wie der erforderlichen Reinigung, das sich den schwankenden Verkehrsbedürfnissen anpassen muß, bestimmt — KG. 5. April 1906 Jhrb. 32 C S. 22 — und ihre Nichterfüllung unter Strafe gestellt werden, es kann aber nicht eine bisher für die Anlieger nicht bestehende Reinigungspflicht für diese neu begründet werden — vgl. die vorzitierten Urteile und ferner KG. 26. Juni 1902 Jhrb. 24 C S. 83, 4. Dezember 1905 Jhrb. 31 C S. 12. An der zur Entstehung einer Observanz erforderlichen gleichmäßigen Übung wird dadurch nichts geändert, daß in einzelnen Straßen die Reinigung unterblieben ist, OVG. 2. Dezember 1909 VerwBl. 32 S. 185. Bloß unter dem Druck einer formell rechtsgültigen PV. kann sich eine Observanz nicht bilden, KG. 17. September 1908 Recht 09 S. 75, OVG. 5. März 1908 VerwBl. 30 S. 255. Es kann aber die Übung der Beteiligten auf gemeinsamer Rechtsüberzeugung beruhen, auch wenn sie damit einer bestehenden PV. nachkommen, wofern sie nur zugleich in der Meinung handeln, daß die betr. Verpflichtung nicht erst durch die PV. auferlegt sei, vielmehr ohnehin bestehe, daß es von alters her so Recht und Brauch gewesen sei, die PV. nur schon bestehendes Recht näher geregelt habe. Es ist sogar möglich, daß eine ursprünglich vielleicht rechtsirrtümlich entstandene, etwa auf eine an sich unzulässige Polizeivorschrift gestützte Übung zur Quelle einer Observanz wird, wenn nämlich im Laufe der Jahre die anfängliche Veranlassung des Handelns im Bewußtsein der Beteiligten schwindet und an ihre Stelle allmählich die Überzeugung von der rechtlichen Notwendigkeit tritt, RG. 6. Februar 1911 VerwBl. 32 S. 570, OVG. 5. Oktober 1892 Entsch. 23 S. 378, 2. Juli 1908 VerwBl. 30 S. 767, 4. Februar 1909 Entsch. 54 S. 266, 9. März 1911 VerwBl. 33 S. 75, KG. 17. September 1908 Recht 09 S. 75, 1. Februar 1909 Jhrb. 37 C S. 39, vgl. auch RG. 1. April 1911 RGZ. 76 S. 113. Wenn die Ausführung der Straßenreinigung durch die Anlieger bereits vor dem Erlaß einer die Reinigung den Anliegern aufgebenden PV. üblich war, so ist in der Regel anzunehmen, daß die Fortsetzung dieser Übung nicht durch den Druck der in der PV. enthaltenen Strafandrohung veranlaßt wird, OVG. 4. Oktober 1909 VerwBl. 32 S. 70. Eine die Straßenreinigung regelnde PV., welche sich auf eine Observanz stützt, kann sich nur auf öffentlich-rechtliche Wege beziehen; bezieht sie sich nach ihrem Inhalt auch auf nichtöffentliche oder nur tatsächlich öffentliche Wege, so ist sie ihrem ganzen Umfang nach rechtsungültig, KG. 30. Mai 1910 Recht 1910 S. 615, 20. September 1910 Recht 1911 S. 781. Es kommt aber darauf, in wessen Eigentum der Grund und Boden des Weges steht, nicht an, OVG. 5. November 1907 Recht 08 S. 496, 2. Dezember 1909 VerwBl. 32 S. 185. Die Observanz zur Straßenreinigung ist auch auf den Bahnkörper einer Eisenbahn anwendbar, RG. 30. April 1909 VerwBl. 31 S. 115. Die innerhalb einer Gemeinde entstandene Observanz ergreift ohne weiteres alle in derselben Gemeinde vorhandenen öffentlichen Wege, wenn und soweit bei ihnen das Bedürfnis der polizeimäßigen Reinigung hervortritt, OVG. 30. Januar 1908 VerwBl. 30 S. 220, 24. September 1908 Entsch. 53 S. 259, 4. November 1909 VerwBl. 31 S. 836; sie ergreift auch neu entstehende Straßen OVG. 29. Mai 1905 VerwBl. 27 S. 177, KG. 24. November 1904 Jhrb. 28C S. 58, 26. April 1906 Recht 07 S. 77, 6. Dezember 1909 Recht 1910 S. 212, vgl. aber auch OVG. 26. Oktober 1905 VerwBl. 27 S. 394. Liegt den Anliegern kraft Observanz die Reinigungspflicht einmal ob, so verliert diese Observanz nur durch Bildung einer entgegenstehenden Observanz ihre Kraft, nicht aber schon dadurch, daß die Leistungen, welche den Inhalt der Übung ausmachen, weder von der zuständigen Behörde gefordert, noch von dritter Seite bewirkt worden sind, OVG. 11. Juni 1907 Recht 08 S. 551. Die Rechtsprechung des OVG. und des RG. geht im Gegensatz zu derjenigen des KG. dahin, daß bei Einverleibung neuer Gebietsteile in eine Gemeinde die für diese bestehende Observanz der Regel nach auch auf die eingemeindeten Gebietsteile Anwendung findet, OVG. 2. April 1906 VerwBl. 28 S. 376, 12. Dezember 1907 VerwBl. 29 S. 497, 6. Februar 1908 VerwBl. 29 S. 473; RG. 17. Januar 1894 Gruchot 38 S. 1074; KG. 10. Mai 1900 Jhrb. 20C S. 58. Wird durch Gesetz eine Gemeinde einer anderen einverleibt und hierbei im Gesetz oder in einem darin in bezug genommenen und gleichzeitig veröffentlichten Eingemeindungsvertrage bestimmt, daß die im Bezirk der Hauptgemeinde geltenden Polizeiverordnungen auch in dem einverleibten Bezirk in Kraft treten sollen, so erlangt eine für die Hauptgemeinde geltende, die Straßenreinigungspflicht der Anlieger regelnde PV. in dem einverleibten Bezirk auch dann Geltung, wenn dort vorher ein diese Reinigungspflicht begründendes Ortsrecht nicht bestanden hat, KG. 21. November 1904 Jhrb. 35 C S. 18, 21. November 1907 Recht 08 S. 646. Über den Begriff des Anliegers vgl. KG. 21. Februar 1895 Jhrb. 16 S. 388, 4. Juli 1898 GA. 46 S. 234, 18. Dezember 1902 GA. 51 S. 63, 28. Juni 1906 Recht 07 S. 328; über Straßenreinigungspflicht der Eisenbahn für Strecken, auf denen das Bahngeleise unmittelbar neben einer öffentlichen Straße herläuft, RG. 30. April 1909 Recht 09 S. 451 u. 846.

Gültig ist eine PV., welche bestimmt, daß die zur Straßenreinigung verpflichteten Anwohner gehalten sind, die sich aus dieser Pflicht ergebenden Leistungen durch den städtischen Fuhrpark vornehmen zu lassen, sofern ein städtisches Reinigungsinstitut, das die Pflichten der Anlieger übernimmt, besteht und seine Benutzung durch eine nach festen Normen und Sätzen bestimmte Gebührenordnung geregelt ist, OVG. 7. Mai 1908 VerwBl. 29 S. 893.

Die Pflicht zur polizeimäßigen Reinigung umfaßt auch die Beseitigung von Schnee- und Eismassen, wenn diese im polizeilichen Interesse erforderlich ist, OVG. 5. Oktober 1892 Entsch. 23 S. 378. Die Bestimmung einer Straßenpolizeiverordnung, wonach der Polizeibehörde bei Eintritt außergewöhnlichen Schneefalles die Befugnis vorbehalten wird, durch Bekanntmachung im amtlichen Publikationsorgan anzuordnen, daß die Fortschaffung des Schnees von der Straße binnen einer bestimmten Frist zu erfolgen habe, ist rechtsverbindlich, KG. 2. Dezember 1895 Jhrb. 17 S. 395. Die Polizei kann die Abfuhr von Schnee, Eis, Schutt, Müll, Scherben, Küchenabgängen und jederlei Unrats durch PV. regeln und die Abladeplätze bestimmen, OVG. 26. Januar 1909 VerwBl. 30 S. 606. Ebenso bildet die Besprengung der Straßen einen Teil der polizeimäßigen Straßenreinigung, OVG. 2. Dezember 1909 Recht 1910 S. 357. Liegt die Reinigungspflicht den Anliegern ob, so ist die Verpflichtung, falls ein Anlieger in Konkurs verfällt, von dem Konkursverwalter zu erfüllen, KG. 2. Mai 1901 Jhrb. 22 C S. 5.

Bei einer PV., welche die Beseitigung der Schnee- und Eisglätte durch Streuen anordnet, handelt es sich nicht um eine rein verkehrspolizeiliche Vorschrift im Sinne des § 6b, sondern vielmehr um eine unter § 6f fallende Vorschrift; ihre Gültigkeit ist von der Frage, wer gesetzlich die Straße zu reinigen und zu unterhalten hat, unabhängig, RG. 6. April 1911 RGZ. 76 S. 164, 22. Dezember 1910 Recht 1911 S. 589.

Ferner sind folgende Schutz und Reinhaltung des Straßenkörpers betreffende Polizeiverordnungen für rechtsgültig erachtet worden:

eine PV., wodurch einem Grundbesitzer die Verpflichtung auferlegt wird, das Schmutzwasser von seinem Grundstück durch Entwässerungsanlagen unter Tage abzuführen; gegenüber einer solchen PV. kann man sich nicht darauf berufen, daß man im Wege der ersitzenden Verjährung das Recht erworben habe, sein Grundstückswasser über ein mit dieser Servitut behaftetes Nachbargrundstück abfließen zu lassen, KG. 23. Mai 1887 Jhrb. 7 S. 280;

eine PV., welche die Reinhaltung der Einlaufschächte unterirdischer Entwässerungsanlagen bezweckt und das Eingießen von Schmutzwasser in das Einfallsrohr verbietet, KG. 1. Juli 1895 GA. 43 S. 433 in der Note;

eine PV., welche den Gebrauch bestimmter Gemeindewege für nichtlandwirtschaftliches Fuhrwerk auf ein bestimmtes Ladegewicht beschränkt, KG. 6. September 1894 GA. 42 S. 446; eine PV., welche einer gewissen Gattung von Fuhrwerken das Befahren von Kommunalwegen während der nassen Jahreszeit untersagt oder von besonderer Erlaubnis abhängig macht, KG. 15. Juni 1905 Jhrb. 30 C S. 18. Dagegen kann die Benutzung eines öffentlichen Weges nicht durch PV. bestimmten Personen untersagt werden, OTr. 16. November 1865 OR. 6 S. 465; KG. 21. März 1904 Jhrb. 27 C S. 52;

eine PV., welche bestimmt, daß die Hecken an Kommunalwegen alljährlich zu bestimmter Zeit geschoren werden müssen und eine bestimmte Höhe nicht überschreiten dürfen, OTr. 10. Januar 1878 GA. 26 S. 245;

eine PV. über die Einrichtung der zum Transport von Pflügen usw. auf Chausseen bestimmten „Schleifen", OTr. 12. Juni 1852 OR. 2 S. 451;

eine PV., welche bestimmt, daß an sämtlichen öffentlichen Wegen, welche mit Bäumen bepflanzt sind, ein bestimmter Raum von der Mitte des Baumstammes nach der Feldseite zu ungepflügt bleiben muß, KG. 21. Mai 1908 DJZ. 08 S. 821.

Das Polizeiverbot, ohne Erlaubnis der Ortspolizei Schutt auf Feld- und andere zum gemeinen Gebrauch bestimmte Wege auszuschütten, setzt voraus, daß es sich um einen für den öffentlichen Verkehr bestimmten Weg handelt, und ist nicht anwendbar auf Wege, welche lediglich den Interessen eines begrenzten Personenkreises zu dienen bestimmt sind, KG. 5. November 1896 GA. 44 S. 431.

V. In bezug auf die Herstellung und Unterhaltung der Bürgersteige ist hervorzuheben, daß durch die in § 81 ALR. I 8 (vgl. oben S. 74) enthaltene Vorschrift eine Verpflichtung der Hauseigentümer hierzu nicht ausgesprochen wird; sofern also eine solche Verpflichtung auch nicht durch Lokalrecht besteht, ist eine diese Verpflichtung normierende PV. ungültig, OVG. 13. Februar 1884 Entsch. 10 S. 203.

VI. Ankündigungen. Die Anbringung von Schaukästen, Aushängeschildern und anderen Ankündigungsmitteln des Gewerbebetriebs, der Kunst und Industrie, sobald sie von der Straße aus sichtbar sind und an straßenwärts liegenden Gebäuden, Türen, Fenstern, Umzäunungen angebracht werden, kann allgemein von polizeilicher Erlaubnis abhängig gemacht werden (die Ansicht in Jhrb. 26 C S. 19 ist aufgegeben), KG. 7. Dezember 1905 Jhrb. 31 C S. 18, OVG. 12. Januar 1903 Entsch. 42 S. 425, 14. Dezember 1906 Entsch. 49 S. 378, 9. März 1911 Entsch. 58 S. 273. Das öffentliche Anschlagswesen kann durch PV. in der Weise geregelt werden, daß öffentliche Anzeigen Plakate usw. nur an den dazu bestimmten, polizeilich genehmigten Einrichtungen (Säulen usw.) angebracht werden dürfen; einer solchen Regelung unterliegen auch Plakate, welche, ohne an der öffentlichen Straße selbst angebracht zu sein, von dieser aus sichtbar sind, OVG. 28. April 1904

VerwBl. 25 S. 796, 4. Mai 1906 DJZ. 07 S. 243, 6. Mai 1910 VerwBl. 32 S. 151, 6. Dezember 1910 Recht 1911 S. 73; eine solche Regelung steht nicht in Widerspruch mit § 10 des Preuß. Preßgesetzes oder § 43 Gew.O. OVG. 1. Mai 1908, VerwBl. 30 S. 24, KG. 26. September 1907 DJZ. 08 S. 141. Rechtsgültig ist auch eine PV., nach der zur Befestigung und Wiederabnahme von Mitteilungen an den öffentlichen Anschlagtafeln nur die von der Gemeinde ermächtigten Personen befugt sind, KG. 16. Oktober 1907 Recht 08 S. 47. Eine PV., welche im Verkehrsinteresse das Verteilen von Reklamen, Drucksachen usw. auf einzelne Straßen beschränkt, findet auch Anwendung auf das Verteilen von Stimmzetteln zu politischen Wahlen, KG. 7. Dezember 1908 Recht 09 S. 159.

VII. Beschränkungen der Zulässigkeit von Demonstrationen sprechen rechtsgültig aus Polizeiverordnungen, welche das öffentliche Aushängen von Fahnen in anderen als den preußischen Landesfarben oder den deutschen Reichs- und Landesfarben mit Strafe bedrohen, KG. 14. Dezember 1896 Jhrb. 18 S. 344, 21. April 1910 Recht 1910 S. 516; welche verbieten, Zeichen und sogenannte Freiheitsbäume, welche geeignet sind, die öffentliche Ruhe und Sicherheit zu gefährden, öffentlich auszustellen, KG. 14. Juni 1909 Recht 09 S. 749 (weiß-roter Anstrich von Windmühlenflügeln). Auch das Tragen von Abzeichen in anderen Nationalfarben als denen des Täters kann verboten werden, KG. 8. Februar 1904 Jhrb. 27 C S. 43, 2. Februar 1905 Jhrb. 29 C S. 22 (abweichend KG. 17. Dezember 1896 GA. 44 S. 406, 22. Januar 1894 Jhrb. 15 S. 350). Eine PV., welche verbietet, rote Fahnen, deren Entfaltung als eine Demonstration gegen die bestehende Ordnung bestimmt und geeignet ist, öffentlich sichtbar zu tragen, ist rechtsgültig und findet auch auf Leichenbegängnisse Anwendung, KG. 26. März 1896 Jhrb. 18 S. 273, 21. März 1910 Jhrb. 39 C S. 62.

VIII. Die Polizei ist befugt, die Anbringung von Hausnummern auf Kosten der Hauseigentümer vorzuschreiben und die Stellen für diese Anbringung sowie die Art der Schilder zu bestimmen, KG. 27. März 1905 Jhrb. 29 C S. 68, und zwar auch für solche Häuser, die nicht an öffentlichen Straßen liegen, KG. 6. April 1905 Jhrb. 29C S. 69. Sie ist aber nicht befugt, diese Bestimmung anderen städtischen oder staatlichen Behörden und Beamten zu übertragen; eine PV., welche letzteres tut, ist ungültig (vgl. § oben S. 37), KG. 30. Oktober 1902 Jhrb. 25C S. 18. Auch kann sie nicht bestimmen, daß die Hausnummern nur von den durch sie Beauftragten anzubringen sind, KG. 6. März 1905 Jhrb. 29C S. 3.

IX. α) Verkehr mit Fuhrwerken. Durch PV. können für die Leitung von Fuhrwerken auf öffentlichen Straßen besondere Vorschriften aufgestellt werden (durch § 366 Nr. 5 und § 367 Nr. 11 StGB. ist die Materie der strafbaren Gefährdung durch Nichtbeaufsichtigung von Tieren nicht erschöpfend geregelt), KG. 11. Mai 1903 Jhrb. 26C S. 25. Das Fahren mit zwei hintereinander gebundenen Wagen kann verboten werden, KG. 3. März 1904 Jhrb. 27C S. 10 (vgl. auch § 15). Zulässig ist es, für gewisse Fuhrwerke — z. B. für die nicht ihrer Bestimmung gemäß zur Beförderung von Personen dienenden — die Bezeichnung mit dem Vor- und Zunamen und der Wohnung des Eigentümers vorzuschreiben, KG. 19. April 1906 DJZ. 06 S. 767. Dieser Zwang gilt auch für Firmeninhaber, ein Widerspruch mit dem HGB. oder mit § 15 Gew.O. liegt nicht vor, KG. 27. Dezember 1906 Recht 07 S. 1002. Durch PV. können Vorschriften getroffen werden über die feste Beschaffenheit der Kutschersitze und über Bremsvorrichtungen (auch wenn vor ihrem Erlasse die Vorstände der beteiligten Berufsgenossenschaften nicht gehört worden sind, denn das Polizeiverordnungsrecht ist, soweit die Interessen des öffentlichen Verkehrs in Frage kommen, durch § 120e Gew.O. — vgl. oben lit. a — nicht eingeschränkt), KG. 29. Juni 1903 DJZ. 03 S. 455.

Rechtsgültig ist eine PV., welche den Führern von Ochsengespannen verbietet, sich auf den Wagen zu setzen, KG. 26. März 1903 VerwBl. 25 S. 214; ebenso eine PV., welche die Verwendung abgetriebener Pferde als Zugtiere auf öffentlichen Straßen und Wegen verbietet, KG. 14. Juni 1909 Recht 09 S. 518. Die Verwendung von Signalhupen bei anderen Fuhrwerken als Kraftfahrzeugen kann verboten werden, KG. 6. April 1908 DJZ. 08 S. 649.

β) Verkehr mit Fahrrädern. Verboten werden kann das Fahren mit dem Fahrrad auf dem Materialienbankett der Chaussee, KG. 31. Mai 1897 Jhrb. 18 S. 269. Rechtsgültig ist eine PV., welche vorschreibt, daß jeder Radfahrer mit einer von der Polizeibehörde seines Wohnorts ausgestellten, auf den Namen des Inhabers lautenden Fahrkarte versehen sein, dieselbe während der Fahrt bei sich führen und dem Aufsichtsbeamten auf Verlangen vorzeigen muß, KG. 14. Juni 1894 Jhrb. 15 S. 295, sowie auch die fernere Bestimmung, daß Personen, die des Fahrens nicht kundig sind, die Ausstellung der Fahrkarte verweigert werden kann, KG. 7. März 1898 DJZ. 98 S. 330, desgl. eine PV., welche die Anbringung bestimmter Signalvorrichtungen, z. B. helltönender Glocken, an Fahrrädern anordnet, KG. 25. Januar 1904 DJZ. 04 S. 410. Vgl. auch die Muster-PV. im MBl. 1908 S. 123.

γ) Der Verkehr mit Kraftfahrzeugen ist einheitlich geregelt durch das Reichsges. v. 3. Mai 1909 (RGBl. S. 437) und die Bekanntmachung des Bundesrats v. 3. Februar 1910 (RGBl. S. 389).

Gültig ist eine PV., welche bestimmt, daß der Führer eines Kraftwagens nach einem Zusammenstoß sofort zu halten hat, KG. 9. Dezember 1907 PolizeiZ. 08 S. 313.

δ) In Ansehung der Straßenbahnen (vgl. auch Vorbem. zu §§ 11—14) ist für rechtsgültig erachtet eine PV., welche den Schaffnern die Einhaltung des vorgeschriebenen Fahrplans zur Pflicht macht, KG. 22. Febraur 1909 DJZ. 09 S. 438. Auch kann das Auf- und Abspringen vom Wagen einer elektrischen Straßenbahn während der Fahrt verboten werden, KG. 16. Januar 1908 DJZ. 08 S. 309.

Ungültig ist aber eine PV., welche vorschreibt, daß jeder einen Pferdebahnwagen besteigende Passagier sofort bei dem Besteigen das tarifmäßige Fahrgeld in den an dem Wagen befindlichen Behälter einzuwerfen hat, weil der Zwang zur Erfüllung einer Kontraktspflicht nicht Aufgabe der Polizei ist, KG. 9. November 1885 Jhrb. 6 S. 285.

ε) Als rechtsgültig sind ferner folgende den Schutz des öffentlichen Verkehrs bezweckende Polizeiverordnungen zu erwähnen:

die Bestimmung eines Straßenpolizeireglements, wonach den zur Erhaltung der Sicherheit, Bequemlichkeit, Reinlichkeit und Ruhe auf den öffentlichen Straßen ergehenden Anordnungen der Aufsichtsbeamten unbedingt Folge zu leisten ist, KG. 4. Januar 1892 Jhrb. 12 S. 175, 19. Juni 1905 DJZ. 05 S. 653. Bei Auslegung einer solchen Bestimmung steht dem Richter zwar die Prüfung der Frage zu, ob die Anordnung des Aufsichtsbeamten objektiv eine solche zur Erhaltung der Sicherheit usw. gewesen ist, dagegen keine Nachprüfung in der Richtung, ob die Anordnung im Einzelfalle gerade so wie sie erging notwendig und zweckmäßig war, KG. 28. September 1903 DJZ. 03 S. 527, 19. Juni 1905 DJZ. 05 S. 653, 5. März 1906 DJZ. 06 S. 766, 25. April 1907 Recht 07 S. 1551, 28. November 1907 Recht 08 S. 211. Dagegen überschreitet die zulässigen Grenzen und ist ungültig eine PV., welche bestimmt: „Wer sich unbefugt in der Nähe der Betriebsstätte eines Bergwerks oder einer Fabrik oder auf dem Zugangswege zu einer solchen Betriebsstätte aufhält und der Aufforderung des Polizeibeamten, sich zu entfernen, keine Folge leistet, wird bestraft", KG. 17. Februar 1907 Recht 08 S. 47, 23. März 1905 Jhrb. 29C S. 58. Über Wegweisung von Streikposten vgl. KG. 5. März 1906 Recht 07 S. 77.

Rechtsgültig ist eine PV., welche das Stehenbleiben mehrerer Personen auf dem Bürgersteig in einer den freien Verkehr hindernden Weise verbietet, KG. 16. August 1906 Recht 07 S. 786;

eine PV., wonach Hunde auf Straßen nie ohne Aufsicht umherlaufen dürfen, KG. 7. Juni 1906 DJZ. 06 S. 1097;

eine PV., nach welcher große Hunde an der Leine nicht auf dem Bürgersteige, sondern auf dem Straßendamm zu führen sind, KG. 25. Januar 1894 u. 7. März 1895 GA. 43 S. 156 in der Note;

eine PV., welche das Werfen mit Bällen, Schnee usw. auf öffentlichen Straßen untersagt, KG. 17. Januar 1910 Recht 1910 S. 357;

eine PV., welche den Transport von Leichen nach dem Friedhofe nur mittels Wagen gestattet, KG. 2. Juni 1907 Recht 07 S. 1484;

eine PV., welche den Transport der zum Handel bestimmten Schweine auf öffentlichen Wegen usw. nur mittels Fuhrwerks gestattet, KG. 31. Oktober 1895 Jhrb. 17 S. 398;

eine PV., welche das Aufstellen, Hinlegen oder Liegenlassen von Gegenständen, welche geeignet sind, den freien Verkehr zu hindern, verbietet, gleichviel ob im konkreten Fall ein Verkehr an der betreffenden Stelle tatsächlich stattgefunden hat und verhindert worden ist oder nicht, KG. 23. Juni 1881 Jhrb. 2 S. 253;

eine PV., welche das Aufstellen von Waren auf öffentlichen Straßen und Plätzen verbietet, KG. 3. April 1902 Jhrb. 24 C S. 20, 28. April 1910 Recht 1910 S. 420;

eine PV., welche bestimmt, daß Lagerräume für Lumpen, Knochen, Tierhäute usw. sich nur in unbewohnten Gebäuden und in bestimmten Abständen von den Nachbargrundstücken befinden dürfen, OVG. 11. April 1907 GA. 54 S. 426, vgl. auch KG. 9. Juli 1908 Recht 08 S. 760;

eine PV., wonach das Abschlachten von Rindvieh und Schweinen nur an abgesonderten Orten, keinesfalls aber auf oder an öffentlichen Straßen usw., wenn es von der Straße — nicht bloß vom Fenster — aus sichtbar ist, stattfinden darf, KG. 2. März 1893 GA. 41 S. 78;

eine PV., welche das Ansprechen und Anlocken des Publikums auf der Straße durch Kaufleute zum Eintritt in den Laden verbietet, KG. 19. Oktober 1908 Recht 09 S. 38;

eine PV., welche in einem Badeorte das Anwerben von ankommenden Fremden seitens der Hausbesitzer auf dem Bahnhofe oder in den angrenzenden Straßen verbietet, KG. 28. Januar 1895 Jhrb. 16 S. 348.

Dagegen ist ungültig eine polizeiliche Vorschrift, nach der die Instandsetzung, Unterhaltung und Pflege von Grabstellen, sofern sie nicht von den Hinterbliebenen oder Angehörigen des Verstorbenen besorgt wird, nur dem Friedhofsaufseher zusteht, weil ein Friedhof kein rechtlich-öffentlicher Ort ist und zum Schutz finanzieller Interessen der Kirchengemeinde Polizeiverordnungen nicht erlassen werden können, KG. 14. April 1910 Jhrb. 40 C S. 457 (gegen KG. 11. März 1889 Jhrb. 9 S. 294).

Allgemeine ortspolizeiliche Beschränkungen und Verbote des Straßenverkehrs, welche gleichmäßig für Gewerbetreibende und Nichtgewerbetreibende gelten, erstrecken sich auch auf den Straßenhandel, es sind aber polizeiliche Beschränkungen des Straßenhandels als solchen abgesehen vom Marktverkehr (vgl. unter lit. c) nur gemäß §§ 42b, 56b Gew.O. zulässig, KG. 23. Januar 1902 Jhrb. 23C S. 76. Gültig ist eine PV., welche bestimmt, daß es auf allen öffentlichen Straßen und Plätzen untersagt ist, den Straßenhandel unter Zuhilfenahme von Fuhrwerk aller Art oder mit besonders großen Behältnissen auszuüben, OVG. 9. März 1903 Entsch. 43 S. 209; ebenso eine PV., welche das Einnehmen einer Handelsstelle an öffentlichen Orten außerhalb des Marktes und der Marktzeit von polizeilicher Erlaubnis abhängig macht, KG. 27. August 1910 Recht 1910 S. 750. Das Feilbieten und der Verkauf von Theaterbillets auf den öffentlichen Straßen und Plätzen sowie in den Vorräumen und auf den Vorplätzen der Theater kann untersagt werden, KG. 19. Juli 1906 DJZ. 07 S. 71, 2. Dezember 1909 Recht 1910 S. 212; desgleichen das Anpreisen von Verkaufsgegenständen auf der Straße durch Ausrufen und das Ausklingeln, KG. 2. Februar 1905 Recht 08 S. 172, 21. Oktober 1907 DJZ. 08 S. 197, 14. März 1910 Recht 1910 S. 357. Die Darbietung einer Lustbarkeit auf sowie an öffentlichen Straßen, Wegen und Plätzen kann von vorgängiger polizeilicher Erlaubnis abhängig gemacht werden, KG. 8. Juli 1907 Recht 07 S. 1343, 2. Juni 1910 DJZ. 1910 S. 1029.

Behufs Vermeidung verkehrsstörenden Lärms kann durch PV. bestimmt werden, daß Lastfuhrwerke jeder Art und solche Fuhrwerke, die vermöge ihrer Bauart und Ladung bei schnellerer Bewegung ein starkes Geräusch verursachen, nur im Schritt fahren dürfen, KG. 7. Juni 1909 DJZ. 09 S. 1093, 14. November 1910 Recht 1911 S. 107. Das Peitschenknallen auf öffentlichen Straßen kann verboten werden, KG. 10. Januar 1910 DJZ. 1910 S. 373, nicht aber der Gebrauch von Peitschen mit Knallschnüren überhaupt, weil keine naheliegende Möglichkeit, keine begründete Besorgnis, daß durch diesen Besitz oder Gebrauch die Ordnung, Sicherheit und Leichtigkeit des Verkehrs beeinträchtigt werden könnte, vorliegt, KG. 30. Januar 1899 DJZ. 99 S. 339.

Eine PV., welche das Musizieren bei offenen Fenstern zwischen 11 und 2 Uhr nachts, das Blasen auf Blechinstrumenten bei offenen Fenstern zu jeder Zeit verbietet, erachtet KG. 24. Februar 1898 DJZ. 98 S. 350 für gültig; dem ist indessen hinsichtlich des ersten Teils der Vorschrift, der nicht den Schutz des Verkehrs, sondern den der Nachtruhe bezweckt, nicht beizutreten (vgl. unten § 15 A. 1 II).

X. Die Regelung der sogenannten Straßengewerbe ist der Ortspolizeibehörde durch § 37 Gew.O. übertragen, welcher lautet:

„Der Regelung durch die Ortspolizeibehörde unterliegt die Unterhaltung des öffentlichen Verkehrs innerhalb der Orte durch Wagen aller Art, Gondeln, Sänften, Pferde und andere Transportmittel, sowie das Gewerbe derjenigen Personen, welche auf öffentlichen Straßen oder Plätzen ihre Dienste anbieten.“

Die Vorschrift des § 37 umfaßt auch den Güterverkehr und die den Zwecken desselben dienenden Transportmittel OTr. 12. Juli 1875 OR. 16 S. 533; auch der Fuhrbetrieb der sog. Hotelwagen kann auf Grund dieser Vorschrift geregelt und angeordnet werden, daß mit ihnen lediglich Hotelgäste zu befördern sind, KG. 2. Juli 1903 VerwBl. 25 S. 214. Auch das gewerbliche Vermieten von Kähnen fällt darunter, OVG. 30. Januar 1901 VerwBl. 22 S. 478. Nicht unter § 37 fällt das Leichenfuhrwesen und der Gewerbebetrieb der Abfuhrunternehmer, OVG. 26. April 1897 Entsch. 32 S. 295, eine PV., welche Bestimmungen über die Zulassung zum Gewerbebetrieb der Entleerung der Aborte, Jauchegruben und Sammelbehälter enthält, ist deshalb ungültig, KG. 13. Februar 1896 GA. 44 S. 70, vgl. das Nähere über Fäkalienabfuhr unter lit. f. Auch der Straßenhandel (vgl. oben S. 88) unterliegt dem § 37 nicht, OVG. 9. März 1903 GA. 50 S. 419. Auf Pferdebahnen findet das Gesetz über Kleinbahnen und Privatanschlußbahnen vom 28. Juli 1892 (GS. S. 225) Anwendung (vgl. Vorbem. zu §§ 11—14). Ein Verkehr innerhalb des Ortes ist nicht bloß derjenige, welcher innerhalb des Ortes vollständig zur Ausführung gelangt, sondern auch derjenige, welcher in dem Orte beginnt und nach einem anderen sich fortsetzt, OTr. 24. Juni 1874 OR. 15 S. 436, KG. 6. Februar 1893 u. 30. April 1894 Jhrb. 13 S. 294, 15 S. 291. Der Regelung durch die Ortspolizeibehörde unterliegt nicht die Unterhaltung des öffentlichen Verkehrs mit Gondeln, Motorbooten usw. auf einem Strom oder Meeresarm an dem der Ort liegt, OVG. 22. März 1909 Entsch. 54 S. 358, KG. 5. Januar 1903 Jhrb. 25 C S. 78. § 37 überläßt in betreff der Straßengewerbe der ortspolizeilichen Regelung alles, und zwar ganz unbeschränkt bis auf die in § 40 Gew. O. geregelte Untersagung des Betriebs. In einer Droschkenordnung kann dem Kutscher während der Fahrt das Rauchen verboten werden, KG. 7. Dezember 1905 Recht 07 S. 77; auch ist die Vorschrift zulässig, daß sich der Kutscher stets anständig und bescheiden gegen das Publikum zu benehmen habe, KG. 2. März 1908 Recht 08 S. 496. Die Regelung muß aber in Form einer PV. erfolgen, OVG. 1. Juli 1878 Entsch. 4 S. 321, 30. Januar 1901 VerwBl. 22 S. 478 und, falls die Entziehung der Genehmigung zulässig sein soll, muß die PV. die Voraussetzungen hierfür vorsehen, OVG. 7. November 1887 Entsch. 15 S. 346. Die Zulassung zum Straßengewerbe kann auch von einem Bedürfnis abhängig gemacht werden, OVG. 21. Februar 1900 Entsch. 37 S. 338, 2. Juni 1904 VerwBl. 27 S. 139, vgl. auch KG. 11. Februar 1889 Jahrb. 9 S. 179. Zum Erlaß von Polizeiverordnungen gemäß § 37 ist ausschließlich die Ortspolizeibehörde befugt; eine vom Landrat erlassene PV. kann sich nur auf § 6b stützen, KG. 2. November 1908 Recht 09 S. 183. Die Unternehmer des Droschken- und Omnibusbetriebes können aber durch eine solche PV. nicht gezwungen werden, zu jeder von der Polizeibehörde bestimmten Zeit auch dann ab- und wieder anzufahren, wenn sie zu dieser Zeit ihre Fuhrwerke überhaupt nicht in den Betrieb gestellt haben, sofern sie nicht hierzu nach Inhalt der ihnen speziell erteilten Konzession oder auf Grund besonderen Vertrags verpflichtet sind, KG. 30. Januar 1893 GA. 40 S. 362. Die Eisenbahngepäckträger, welche auf dem Bahnhofe den mit der Eisenbahn ankommenden Fremden ihre Dienste zur Beförderung des Gepäcks anbieten, unterliegen nicht den Bestimmungen einer das Dienstmannsgewerbe betreffenden PV., KG. 23. Oktober 1893 Jhrb. 14 S. 279.

XI. Hinsichtlich der Strom-, Schiffahrts- und Hafenpolizei vgl. LVG. § 138 abgedruckt in Vorbem. zu §§ 11—14. Es gehört zu den Rechten und Pflichten der Polizeibehörden den Gemeingebrauch am Meeresufer zu regeln und zu schützen, namentlich einer Überschreitung der nach ihm dem einzelnen zustehenden Befugnisse im Interesse der übrigen Gleichberechtigten entgegenzutreten, OVG. 19. Februar 1898 Entsch. 33 S. 450, 27. Mai 1907 VerwBl. 29 S. 912, 3. November 1909 VerwBl. 31 S. 703. Eine PV., welche beschränkende Vorschriften über die Anlegung von Waschbänken in Privatflüssen enthält, ist rechtsgültig, OVG. 26. Februar 1898 Entsch. 33 S. 305.

c) der Marktverkehr[4] und das öffentliche Feilhalten von Nahrungsmitteln;[5]

V. v. 20. September 1867 § 6c u. Lauenb. Ges. § 7c übereinstimmend.

4. Soweit der Marktverkehr in Frage kommt, hat diese Bestimmung Abänderungen erlitten durch §§ 65—70 Gew.O. (KG. 2. Juli 1894 Jhrb. 15 S. 218), welche lauten:

§ 65. Die Zahl, Zeit und Dauer der Messen, Jahr- und Wochenmärkte wird von der zuständigen Verwaltungsbehörde festgesetzt.

Dem Marktberechtigten steht gegen eine solche Anordnung kein Widerspruch zu; ein Entschädigungsanspruch gebührt demselben nur dann, wenn durch die Anordnung die Zahl der bis dahin abgehaltenen Märkte vermindert wird und eine größere Zahl ausdrücklich und unwiderruflich verliehen war Gemeinden, welche einen Entschädigungsanspruch geltend machen wollen, müssen außerdem nachweisen, daß ihr Recht auf einen speziellen lästigen Titel sich gründet.

§ 66. Gegenstände des Wochenmarktverkehrs sind:
1. rohe Naturerzeugnisse mit Ausschluß des größeren Viehes;
2. Fabrikate, deren Erzeugung mit der Land- und Forstwirtschaft, dem Garten- und Obstbau oder der Fischerei in unmittelbarer Verbindung steht, oder zu den Neben-

beschäftigungen der Landleute der Gegend gehört, oder durch Tagelöhnerarbeit bewirkt wird, mit Ausschluß der geistigen Getränke;

3. frische Lebensmittel aller Art.

Die zuständige Verwaltungsbehörde ist auf Antrag der Gemeindebehörde befugt, zu bestimmen, welche Gegenstände außerdem nach Ortsgewohnheit und Bedürfnis in ihrem Bezirk überhaupt, oder an gewissen Orten zu den Wochenmarktartikeln gehören.

§ 67. Auf Jahrmärkten dürfen außer den in § 66 benannten Gegenständen Verzehrungsgegenstände und Fabrikate aller Art feilgehalten werden.

Zum Verkaufe von geistigen Getränken zum Genuß auf der Stelle bedarf es jedoch der Genehmigung der Ortspolizeibehörde.

§ 68. Der Marktverkehr darf in keinem Falle mit anderen als solchen Abgaben belastet werden, welche eine Vergütung für den überlassenen Raum und den Gebrauch von Buden und Gerätschaften bilden. In den Bestimmungen darüber, ob und in welchem Umfang Abgaben dieser Art erhoben werden dürfen, wird durch gegenwärtiges Gesetz nichts geändert. Ein Unterschied zwischen Einheimischen und Fremden bezüglich der Zahlung der Abgaben darf nicht stattfinden.

§ 69. In den Grenzen der Bestimmungen der §§ 65—68 kann die Ortspolizeibehörde im Einverständnisse mit der Gemeindebehörde die Marktordnung nach dem örtlichen Bedürfnisse festsetzen, namentlich auch für das Feilbieten von gleichartigen Gegenständen den Platz, und für das Feilbieten im Umhertragen, mit oder ohne Ausruf, die Tageszeit und die Gattung der Waren bestimmen.

§ 70. In betreff der Märkte, welche bei besonderen Gelegenheiten oder für bestimmte Gattungen von Gegenständen gehalten werden, bewendet es bei den bestehenden Anordnungen.

Erweiterungen dieses Marktverkehrs können von der zuständigen Behörde mit Zustimmung der Gemeindebehörde angeordnet werden.

Die für die nach § 65 Abs. 1 zu treffenden Bestimmungen zuständigen Organe ergeben sich aus §§ 127, 128, 161 d. Zuständigkeitsgesetzes v. 1. August 1883 (GS. S. 237), hinsichtlich des Erlasses von Marktordnungen in der Provinz Hannover vgl. KG.

6. Dezember 1894 Jhrb. 16 S. 306. Die nach diesen Vorschriften erlassenen Marktordnungen sind hinsichtlich ihrer formellen Gültigkeit lediglich nach den Bestimmungen der Gew. O., nicht nach denen des Gesetzes vom 11. März 1850 zu beurteilen; es genügt, daß sie in ortsüblicher Weise zur allgemeinen Kenntnis gebracht sind, KG. 11. April 1889, 29. Oktober 1891, 25. März 1895 Jahrb. 9 S. 174, 12 S. 170, 16 S. 307. Eine Marktordnung ist ungültig, wenn in der Verkündung nur angegeben ist, daß sie nach Beratung mit dem Magistrate erlassen ist, nicht aber, daß dieser auch mit ihr einverstanden gewesen ist, KG. 12. Juli 1888 Jhrb. 8 S. 140. Die Bestimmungen der Gew. O. finden auch auf den Marktverkehr in Markthallen Anwendung, OVG. 10. November 1887 Entsch. 15 S. 366, OLG. Dresden 22. Dezember 1892 GA. 41 S. 164. Als ein öffentlicher, der Wochenmarktordnung unterliegender Marktverkehr ist auch der sich auf einem von der Kirchengemeinde dem öffentlichen Verkehr freigegebenen Platze abspielende anzusehen, KG. 30. Dezember 1895 GA. 43 S. 424. Die Vorschrift des § 69 ist nicht dahin zu verstehen, daß durch die Marktordnung bloß die in den dort angeführten Paragraphen erwähnten Materien näher geregelt werden dürfen, vielmehr begrenzen die §§ 65—68 die Befugnis der Ortspolizeibehörde in materieller Hinsicht nur insoweit, als keine mit den in jenen Paragraphen enthaltenen Bestimmungen im Widerspruche stehende Anordnungen getroffen werden dürfen, während die Anordnungen im übrigen freigegeben sind, KG. 8. Oktober 1896 GA. 44 S. 286, vgl. auch KG. 21. Oktober 1895 GA. 43 S. 273. Ein Marktzwang kann durch eine Marktordnung nicht eingeführt werden, es kann also der Verkauf von Gegenständen des Marktverkehrs auf öffentlichen Straßen und Plätzen außerhalb des Marktplatzes und außerhalb der Marktzeit nicht verboten werden, OVG. 17. September 1891 Entsch. 21 S. 343, 7. März 1900 VerwBl. 21 S. 493; KG. 3. April 1902 Jhrb. 24 C S. 20, 15. Mai 1902 Jhrb. 24 C S. 24. Die frühere abweichende Ansicht des KG. (Jhrb. 9 S. 176, 13 S. 281, 15 S. 218, GA. 43 S. 274) ist aufgegeben. Vgl. aber oben S. 88. Viehmärkte fallen unter die Spezialmärkte, für welche es nach § 70 Gew. O. bei den bestehenden Anordnungen bewendet. Es kann deshalb durch PV. auf Grund von § 6c vor-

geschrieben werden, daß außerhalb der zur Abhaltung der Viehmärkte bestimmten Plätze und außer an den obrigkeitlich genehmigten Markttagen ein marktähnlicher Verkehr mit Vieh nicht stattfinden darf, insbesondere kein sog. Vormarkt; die PV. darf auf § 149 Nr. 6 Gew.O. als Strafbestimmung verweisen, KG. 15. Oktober 1906 Recht 07 S. 785, 7. Januar 1909 VerwBl. 30 S. 409. Die Polizei kann von ihrer Befugnis auch nur teilweisen Gebrauch machen und nur bestimmte Arten marktähnlichen Verkehrs, z. B. den Verkauf von aus verschiedenen Beständen zusammengebrachten Tieren außerhalb der Markttage und Marktplätze als marktähnlich verbieten, KG. 5. Juli 1909 Recht 09 S. 815. Vgl. auch RGes., betr. die Preisfeststellung beim Markthandel mit Schlachtvieh, v. 8. Februar 1909 (RGBl. S. 269).

Für die Zuwiderhandlungen gegen die die Zeit oder den Ort des Verkaufs betreffenden Vorschriften einer Marktordnung können in allen Fällen nur die Verkäufer strafrechtlich verantwortlich gemacht werden, ein in dieser Hinsicht gegen die Käufer gerichtetes Verbot, welcher Art dasselbe auch sei, ist unwirksam, KG. 7. März 1889 Jhrb. 9 S. 173, 21. Oktober 1895 GA. 43 S. 273, 27. Juni 1901 Jhrb. 22C S. 15. Das polizeiliche Verbot, daß in einer Markthalle andere als amtliche Gewichtsbezeichnungen an den Waren angebracht werden, ist rechtsgültig, KG. 14. März 1904 VerwBl. 26 S. 146. Durch eine Marktordnung kann der Zwischenhandel d. h. der alsbaldige Wiederverkauf der zu diesem Zweck angekauften Marktgegenstände nicht verboten werden, KG. 26. Februar 1894 Jhrb. 15 S. 234; ebenso verstößt eine Marktordnung gegen § 64 Gew.O., wenn sie bestimmt, „den Händlern ist es verboten, vor 8 Uhr im Sommer und vor 9 Uhr im Winter Marktartikel aufzukaufen", weil den kaufenden Händlern nicht die gleichen Befugnisse eingeräumt werden wie dem kaufenden Publikum, KG. 21. Oktober 1895 GA. 43 S. 273. Desgl. ist es unzulässig, den Wochenmarktverkehr auf Käufe und Verkäufe, welche angesichts der tatsächlich feilgebotenen Waren geschlossen werden, zu beschränken und den Abschluß von Lieferungskäufen gänzlich auszuschließen. OLG. Dresden 22. Dezember 1892 GA. 41 S. 164. Ungültig ist auch die Bestimmung einer Markthallenordnung, nach der bei wiederholten groben Ordnungswidrigkeiten Ausweisung aus den Hallen auf längere Zeit oder dauernde Ausweisung zulässig ist, KG. 27. April 1899 DJZ. 99 S. 507, ebenso die Bestimmung einer PV., wonach den auf dem städtischen Viehhof zugelassenen Viehtreibern die Berechtigung zum Treibergewerbe entzogen werden kann, OVG. 29. Oktober 1903 VerwBl. 25 S. 403. Die Bestimmung, daß den Verkäufern das Verlassen ihres Standplatzes bis zur Bezahlung des Standgeldes bei Strafe verboten sei, hat das Kammergericht — 12. Juli 1888 Jhrb. 8 S. 140 — für ungültig erachtet, für gültig dagegen das an die Marktbesucher gerichtete Verbot, Marktgegenstände feilzubieten oder auszustellen oder von den Fuhrwerken abzuladen, bevor der Marktbesucher das Standgeld entrichtet hat, weil hierdurch nicht nur der Eingang der Gelder sondern auch die Ordnung auf dem Markte gesichert werden solle, KG. 5. Juli 1897 GA. 45 S. 299. Gültig ist ferner die Bestimmung, daß an bestimmten Verkaufsständen Tafeln von vorgeschriebener Beschaffenheit mit dem Vor- und Zunamen sowie dem Wohnort des Verkäufers anzubringen sind, ungültig jedoch die weitergehende Bestimmung, daß Vor- und Zunamen in deutscher Sprache anzubringen sind, KG. 7. November 1901 Jhrb. 23 C S. 29. Gültig ist eine Marktordnung, die den Verkauf in Mindestmengen vorschreibt und bestimmt, daß, wenn auf den „Großmärkten" Ware korbweise oder sackweise verkauft werde, das Quantum des Inhalts auf dem Behältnis ersichtlich gemacht werden müsse, KG. 20. Juni 1910 Recht 1910 S. 821. Rechtsgültig ist das Verbot, daß niemand dem andern auf dem Markte in den Handel fallen darf, KG. 16. Januar 1893 Jhrb. 13 S. 261, 8. April 1892 GA. 39 S. 450, ferner die Bestimmung, daß den Anordnungen der zur Beaufsichtigung des Markthallenverkehrs vom Magistrat angestellten Beamten Folge zu leisten ist, KG. 29. August 1895 GA. 43 S. 274, 13. Dezember 1897 GA. 45 S. 447. Die ortspolizeiliche Anordnung, daß bisher dem Marktverkehr gewidmete Plätze dazu nicht ferner benutzt werden, enthält eine Abänderung der bestehenden Marktordnung und erfordert das Einverständnis der Gemeindebehörde, OVG. 23. November 1891 Entsch. 22 S. 335. Zuwiderhandlungen gegen die Marktordnung werden nach § 149 Abs. 1 Nr. 6 Gew. O. bestraft.

5. Die Polizeiverordnungen betr. den **Verkehr mit Nahrungsmitteln** dürfen nicht das Gebiet der Wohlfahrtspolizei betreten. Sie dürfen allerdings den Verkauf und das Feilhalten gesundheitsgefährlicher Sorten von Nahrungsmitteln verbieten (abweichend KG. 3. Mai 1897 GA. 45 S. 149, wonach der Verkauf unreifen Obstes auf dem Wochenmarkte weder schlechthin noch unter Beschränkung auf den zum Zwecke des Rohessens erfolgenden Verkauf verboten werden könne, weil diese Materie Gegenstand der §§ 12 u. 14 des Reichsges. vom 14. Mai 1879 sei) und bei dem Marktverkehr wie bei dem öffentlichen Feilhalten von Nahrungsmitteln zum Schutz von Treu und Glauben den Gebrauch gewisser Warenbezeichnungen dem allgemeinen oder örtlichen Sprachgebrauch gemäß, bei neuen Worten auch selbständig so festlegen, daß durch den Gebrauch dieser Bezeichnung das kaufende Publikum nicht über die Qualität der Ware zu seinem Nachteile getäuscht werde — hierunter fallen Bestimmungen, daß Käse, wenn er unter der Bezeichnung „Holländer Käse" feilgehalten wird, einen bestimmten Mindestfettgehalt haben muß, KG. 24. September 1906 Recht 07 S. 784, daß unter der Bezeichnung „Wurst" nur ein lediglich aus animalen Stoffen sowie den erforderlichen Gewürzen bereitetes Fabrikat (KG. 11. u. 18. Februar 1895 GA. 43 S. 147), unter der Bezeichnung „Butter" nur dasjenige Milchfett, welches einen bestimmten Prozentsatz Butterfett, Kochsalz und Wasser enthält (KG. 30. April 1896 GA. 44 S. 190), unter der Bezeichnung „Vollmilch" nur eine nach Fettgehalt und spezifischem Gewicht bestimmte Sorte Milch feilgehalten und verkauft werden darf (KG. 22. Mai 1902 Jhrb. 24 C S. 17, vgl. auch KG. 9. Oktober 1893 Jhrb. 14 S. 267, 7. November 1910 DJZ. 1911 S. 95), ferner Polizeiverordnungen, welche das Mindestgehalt des feilgehaltenen Kornbranntweins an absolutem Alkohol festsetzen (KG. 11. Oktober 1900 Jhrb. 20 C S. 106). Polizeiverordnungen dürfen den Begriff „Vollmilch" nach Fettgehalt und spezifischem Gewicht festlegen, aber nicht vorschreiben, daß alle andere Milch, die den Fettgehalt der Vollmilch nicht erreicht, nur unter der Bezeichnung „abgerahmte Milch" in Verkehr gebracht werden darf, auch wenn sie nicht abgerahmt ist. Dagegen sind die Polizeibehörden befugt,

für die der Vollmilch an Fettgehalt nicht gleichkommende, nicht abgerahmte Milch eine besondere Bezeichnung als ausschließlich zulässig vorzuschreiben, KG. 18. Oktober 1906 Jhrb. 33 C S. 75, 21. April 1910 Recht 1910 S. 419, vgl. auch KG. 3. Mai 1909 Recht 09 S. 680. Ungültig ist eine PV., welche vorschreibt, daß frische Kuhmilch nur als Voll- oder Magermilch verkauft werden darf, und zugleich durch Aufstellung bestimmter Erfordernisse für beide Milcharten bewirkt, daß Milch, welche weder den Erfordernissen der Vollmilch noch denen der Magermilch entspricht, überhaupt nicht verkauft werden kann, KG. 27. Februar 1911 DJZ. 1911 S. 653; vgl. auch KG. 7. November 1910 Recht 1911 S. 108, 18. Mai 1911 Recht 1911 S. 453. Durch PV. kann bestimmt werden, daß künstliches Mineralwasser nur aus destilliertem Wasser hergestellt werden darf, OVG. 8. Oktober 1898 DJZ. 99 S. 178, KG. 27. März 1905 Jhrb. 29 C S. 89. Der Verkauf von Speiseeis an Kinder auf der Straße zum Genuß auf der Stelle und die Annäherung der Verkäufer an Schulgrundstücke kann verboten werden, KG. 16. Februar 1911 Recht 1911 S. 235. Für rechtsgültig ist ferner erachtet eine PV., welche den Verkauf minderwertigen Fleisches d. h. solchen Fleisches, dessen Gebrauchswert zwar verringert oder verschlechtert, welches aber weder gesundheitsschädlich noch ekelerregend ist, an Personen verbietet, die aus dem Verkauf oder der Zubereitung von Fleisch und Fleischwaren ein Gewerbe machen, KG. 1. Juni 1891 Jhrb. 11 S. 192, vgl. jetzt AG. zum Reichsges. betr. die Schlachtvieh- und Fleischbeschau vom 28. Juni 1902 (GS. S. 229) § 9 unten bei lit. f; für ungültig dagegen, weil mit der Gew. O. im Widerspruch stehend, eine PV., daß der Preis minderwertigen Fleisches sich unter dem niedrigsten Wochenpreise bewegen müsse und von der Schlachthofverwaltung durch öffentlichen Anschlag und durch eine Tafel im Verkaufsraum bekannt zu machen sei, KG. 5. Februar 1894 Jhrb. 15 S. 236, ferner eine PV., welche einen bestimmten Mehlzusatz zu Wurst gestattet und einen darüber hinausgehenden untersagt, weil entweder eine nach Reichsrecht strafbare Verfälschung vorliege oder die Polizei zu einem Einschreiten überhaupt nicht befugt sei, da der Verkauf weder eine Gefahr für die Gesundheit noch für das

Vermögen der Käufer herbeiführe, KG. 16. Januar 1902 Jhrb. 23C S. 115 (abweichend KG. 31. Mai 1897 DJZ. 97 S. 387). Hinsichtlich der Art des Feilhaltens ist es zulässig, durch PV. vorzuschreiben, daß für bestimmte Milchsorten Transportgefäße bestimmter Form verwendet werden müssen, KG. 29. Oktober 1906 Jhrb. 33C S. 73; daß die zum Markte gebrachte Speisebutter nur aus Stücken von einem bestimmten Gewicht bestehen darf, KG. 16. November 1891 Jhrb. 12 S. 184, daß jeder der im „Marktverkehr" oder sonst „öffentlich" Kartoffeln sackweise verkauft, dem Käufer auf Verlangen den Sackgehalt mittels eines geeichten Scheffels, den er bei sich zu führen hat, vormessen muß, KG. 5. Mai 1898 DJZ. 98 S. 454. Schreibt eine PV. vor, daß sämtliche Gefäße, in denen Milch in den Verkehr gebracht wird, mit der Bezeichnung der darin enthaltenen Milchsorten zu versehen sind, so ist sie nur dahin zu verstehen, daß die Bezeichnung keine bessere Sorte angeben darf als sich in dem Gefäße befindet; eine Polizeivorschrift, wonach die Aufschrift keine geringere Sorte angeben darf, als sich in dem Gefäß befindet, ist ungültig, KG. 23. Januar 1905 Jhrb. 29C S. 37.

Den Verkauf von Backwaren betreffen §§ 73 und 74 Gew.O., welche lauten:

§ 73. Die Bäcker und die Verkäufer von Backwaren können durch die Ortspolizeibehörde angehalten werden, die Preise und das Gewicht ihrer verschiedenen Backwaren für gewisse von derselben zu bestimmende Zeiträume durch einen von außen sichtbaren Anschlag am Verkaufslokale zur Kenntnis des Publikums zu bringen.

Dieser Anschlag ist kostenfrei mit dem polizeilichen Stempel zu versehen und täglich während der Verkaufszeit auszuhängen

§ 74. Wo der Verkauf von Backwaren nur nach den von den Bäckern und Verkäufern an ihren Verkaufslokalen angeschlagenen Preisen erlaubt ist, kann die Ortspolizeibehörde die Bäcker und Verkäufer zugleich anhalten, im Verkaufslokal eine Wage mit den erforderlichen geeichten Gewichten aufzustellen und die Benutzung derselben zum Nachwiegen der verkauften Backwaren zu gestatten.

Wenn die Ortspolizeibehörde von der ihr hiernach zustehenden Befugnis Gebrauch macht, so bedarf sie dazu keiner PV. und falls sie eine solche dennoch erläßt, entbehrt diese insoweit des Charakters einer Rechtsnorm, KG. 30. November und 7. Dezember 1893 GA. 41 S. 313, dagegen soll nach OVG. 16. April 1894 Entsch. 26 S. 292 zur Einführung der durch § 73 zugelassenen Taxen eine an die gewöhnlichen Formen gebundene PV. erforderlich sein. Die zulässigen Taxen sind nur Maximaltaxen, die Bäcker und Verkäufer können sowohl die Preise erniedrigen als auch das Gewicht erhöhen, KG. 15. Juni 1893 Jhrb. 14 S. 282, OVG. 16. April 1894 Entsch. 26 S. 292. Gemäß § 73 Gew.O. kann den Bäckern polizeilich aufgegeben werden, durch Anschlag bekannt zu geben, daß bei ihnen ein Brot von bestimmter Schwere einen bestimmten Preis koste, eine abstrakte Bezeichnung des Preises und des Gewichts kann nicht verlangt werden, vielmehr muß es dem Publikum überlassen bleiben, durch Umrechnung den Preis für das Pfund der einzelnen Backwaren festzustellen, KG. 9. Juli 1908 Recht 08 S. 790. Zuwiderhandlungen werden nach § 148 Abs. 1 Nr. 8 Gew.O. bestraft. Durch die Bestimmungen der Gew.O. ist die ganze Materie von der Bestimmung der Preise und Gewichte von Backwaren erschöpfend geregelt, polizeiliche Taxen sind, soweit nicht die Gew.O. ausdrücklich ein anderes anordnet, beseitigt, KG. 4. Mai 1882 Jhrb. 3 S. 242. Für ungültig sind deshalb erachtet Polizeiverordnungen, welche die Bäcker und Verkäufer von Schwarzbrot verpflichten, solches nur in einzelnen Broten von ½ oder 1 kg oder einem Mehrfachen dieser Gewichtsgrößen zu verkaufen, KG. 7. Februar 1895 Jhrb. 16 S. 342 (abweichend KG. 4. Mai 1882 Jhrb. 3 S. 242, 13. Oktober 1892 Jhrb. 13 S. 268, OLG. Dresden 10. März 1892 und 26. Juni 1902 GA. 40 S. 198, 49 S. 365) vgl. auch KG. 12. Mai 1892 Jhrb. 13 S. 266, ferner Polizeiverordnungen, welche die Bäcker und Verkäufer von Backwaren verpflichten, den revidierenden Polizeibeamten die Wage und die Gewichte auf Verlangen zur Verfügung zu stellen, KG. 13. Oktober 1892 Jhrb. 13 S. 268, und Polizeiverordnungen, wonach Brote und sonstige Backwaren nur dann verkauft werden dürfen, wenn auf ihnen das Gewicht durch aufgedrückten Stempel angegeben ist, KG. 23. September 1886 Jhrb. 6 S. 178. Eine PV., welche gebietet, Brot und Backwaren, welche unter Verwendung von Margarine, Kunstbutter usw. hergestellt werden, als solche durch einen im Verkaufsladen angebrachten Anschlag zu bezeichnen, ist für ungültig erklärt, weil der Verkehr mit Margarine reichsrechtlich erschöpfend geregelt sei, OLG. Dresden 26. Mai 1898 GA. 46 S. 145.

d) Ordnung und Gesetzlichkeit bei dem öffentlichen Zusammensein einer größeren Anzahl von Personen;[6]

V. v. 20. September 1867 § 6d u. Lauenb. Ges. § 7d übereinstimmend.

6. Grundsätzlich ist daran festzuhalten, daß geschlossene Gesellschaften dem polizeilichen Verordnungsrecht nicht unterliegen, KG. 3. Dezember 1894 Jhrb. 16 S. 427, OVG. 25. April 1883 Entsch. 9 S. 406, 13. November 1903 DJZ. 03 S. 411; Lustbarkeiten, welche von geschlossenen Gesellschaften veranstaltet werden, dürfen weder einer polizeilichen Genehmigung noch auch nur einer vorgängigen Anzeige bei der Polizeibehörde unterworfen werden, auch dann nicht, wenn sie in Wirtschaften abgehalten werden (vgl. unter lit. e), KG. 9. Januar 1902 Jhrb. 23C S. 108, 11. Juni 1903 Jhrb. 26C S. 40, 26. September 1907 Jhrb. 34C S. 11, 16. Juli 1910 Recht 1910 S. 677; OVG. 7. April 1902 VerwBl. 23 S. 697; vgl. auch OTr. 8. November 1864 OR. 5 S. 237, KG. 2. April 1896 DJZ. 96 S. 342. Eine geschlossene Gesellschaft ist ein nach außen hin abgeschlossener Kreis von Personen, die nach innen miteinander verbunden sind, KG. 31. März 1910 Recht 1910 S. 420. Das KG. — 15. November 1900 Jhrb. 20C S. 112 — erklärt die Auffassung des OVG. — 4. Januar 1895 Entsch. 27 S. 428, 8. Februar 1907 Recht 07 S. 1003 —, daß nur ein durch das innere Band wechselseitiger persönlicher Beziehungen in sich zusammengehaltener und nach außen bestimmt abgeschlossener Personenkreis als eine geschlossene Gesellschaft angesehen werden könne, für zu eng; das die Gesellschaft zusammenschließende Band könne vielmehr auch in der bloßen Absicht der Anbahnung persönlicher Beziehungen oder in der Gemeinsamkeit der sachlichen Zwecke bestehen; ebenso OLG. Celle 8. Juni 1903 GA. 52 S. 114, KG. 9. November 1907

Recht 08 S. 211. Die Mitglieder von Vereinen, besonders politischen, bilden, wenn die Mitglieder zahlreich, die Organisation lose, Erwerb und Verlust der Mitgliedschaft nur an geringe Voraussetzungen geknüpft ist, keinen in sich geschlossenen bestimmt abgegrenzten Kreis innerlich unter sich verbundener Personen, OVG. 21. Januar 1898 VerwBl. 20 S. 6; vgl. auch OVG. 5. Dezember 1899 VerwBl. 21 S. 279, 23. März 1900 VerwBl. 21 S. 467. Dagegen kann die Zulässigkeit öffentlicher Lustbarkeiten von vorgängiger polizeilicher Genehmigung abhängig gemacht werden, OVG. 24. September 1888 Entsch. 18 S. 422; jedoch mit der Einschränkung, daß die gewerbsmäßige Darbietung von Lustbarkeiten der im § 33b Gew.O. bezeichneten Art nicht in weiterem Umfange als dort vorgesehen ist von einer polizeilichen Erlaubnis abhängig gemacht werden darf, OVG. 19. Dezember 1904 Entsch. 46 S. 343.

Praktisch wichtig ist namentlich der Unterschied zwischen öffentlichen und den von geschlossenen Gesellschaften veranstalteten Tanzlustbarkeiten. Bei dieser Unterscheidung ist der Zirk.-Erl. d. Ministers d. Innern v. 26. November 1859 (MBl. S. 339) zu beachten, welcher lautet:

„Des Regenten Prinzen von Preußen Kgl. Hoheit haben aus Anlaß eines Allerhöchstdemselben über die anderweite Regulierung der auf die Veranstaltung von öffentlichen Tanzlustbarkeiten in der Rheinprovinz bestehenden Bestimmungen von mir gehaltenen Vortrages zu bestimmen geruht, daß Tanzlustbarkeiten, welche von Privat- oder sogenannten geschlossenen Gesellschaften gegen Erhebung eines Eintrittsgeldes veranstaltet werden, als öffentliche nur dann betrachtet werden sollen, wenn die Gesellschaft eben zu dem Zwecke die Tanzlustbarkeit zu veranstalten zusammentritt, nicht aber, wenn sie bereits anderweitig besteht und die Tanzlustbarkeit für ihre Mitglieder und etwaige Gäste derselben nur gelegentlich neben den Zwecken, welche sie sonst verfolgt, wenn auch gegen besonderes Eintritts- oder Tanzgeld, veranstaltet. Hiervon setze ich die Kgl. Regierung mit der Auflage in Kenntnis die obige Allerhöchste Bestimmung bei dem etwaigen Erlaß bezüglicher Polizeiverordnungen zur Richtschnur zu nehmen und die bereits erlassenen Verordnungen mit dieser Allerhöchsten Bestimmung in Einklang zu setzen."

Die Gesellschaft ist in den vom Min.-Erl. getroffenen Fällen keine geschlossene im Rechtssinn, denn es handelt sich in Wahrheit um ein Tanzvergnügen, welches für gemeinschaftliche Rechnung der Teilnehmer veranstaltet wird. Ist der Zweck der Gesellschaft dagegen nicht nur die Veranstaltung einer Tanzlustbarkeit, sondern die Veranstaltung von Tanzlustbarkeiten überhaupt, so ist die Gesellschaft eine geschlossene und die von ihr veranstalteten Vergnügungen sind nicht öffentliche, mag die Veranstaltung von Tanzlustbarkeiten auch der einzige Zweck der Gesellschaft sein, OVG. 17. Februar 1899 Entsch. 35 S. 439, 13. November 1903 VerwBl. 25 S. 695; KG. 8. Dezember 1910 Recht 1911 S. 142. Polizeiverordnungen, welche mit dem Erlaß in Widerspruch stehen, ermangeln der Rechtsgültigkeit (§ 15), KG. 2. Juli 1888 Jhrb. 8 S. 235, insbesondere ist dies bei einer PV. der Fall, welche die geschlossenen Gesellschaften hinsichtlich ihrer Vergnügungen, insbesondere ihrer Tanzlustbarkeiten, öffentlichen Vereinigungen zum gleichen Zweck gleichstellt, KG. 14. Dezember 1885 Jhrb. 6 S. 182, 26. September 1907 Jhrb. 34 C S. 11. Die Bestimmung des Begriffs der öffentlichen Tanzlustbarkeit in einer PV. ist für den Richter nicht bindend, KG. 14. Juli 1910 Recht 1910 S. 677. Die der Polizei gegenüber nicht öffentlichen Lustbarkeiten fehlende Befugnis kann auch nicht durch eine PV. vermittels der Vorschrift begründet werden, daß nicht öffentliche Lustbarkeiten unter gewissen Voraussetzungen als öffentliche gelten sollen, OVG. 13. November 1903 VerwBl. 25 S. 695, KG. 8. Dezember 1910 Recht 1911 S. 142; rechtsungültig ist deshalb die Bestimmung einer PV., daß Tanzlustbarkeiten von Privatgesellschaften, die auf gemeinschaftliche Kosten in Privatlokalen veranstaltet werden, als öffentliche anzusehen seien und davon der Ortspolizeibehörde vorher Anzeige zu machen sei, KG. 8. Juli und 2 Dezember 1895 Jhrb. 17 S. 416 u. 328. Rechtsgültig ist eine PV., welche die Zulassung von schulpflichtigen Kindern oder jugendlichen Personen unter 17 Jahren zu Tanzlustbarkeiten in öffentlichen Lokalen verbietet, KG. 4. März 1895 Jhrb. 16 S. 329, 6. Dezember 1905 Jhrb. 31 C S. 25.

Sie bezieht sich aber nur auf solche jugendliche Personen, die als Gäste dort anwesend sind, nicht aber auf diejenigen, die als Musiker in den Lokalen zum Tanz aufspielen, KG. 15. Februar 1909 Jhrb. 37 C S. 60.

Polizeiverordnungen, welche für die Abhaltung von öffentlichen Tanzlustbarkeiten durch Gast- und Schankwirte polizeiliche Genehmigung vorschreiben, sind durch die Gew. O. nicht berührt, OTr. 18. Januar 1871 GA. 19 S. 124. Auch neben dem Reichs-Vereinsges. sind sie in Geltung verblieben; daß die Tanzlustbarkeit von einem Verein abgehalten wird, steht ihrer Anwendung nicht entgegen, weil das dadurch herbeigeführte Beisammensein der Vereinsmitglieder nicht als eine Versammlung im Sinne des § 1 Reichs-Vereinsges. anzusehen ist, KG. 15. April 1908 Jhrb. 36 C S. 50, 15. Oktober 1908 MBl. S. 260.

Hinsichtlich der unter das Vereinsgesetz fallenden öffentlichen Versammlungen ist im allgemeinen kein Raum für das polizeiliche Verordnungsrecht; die allgemeinen sicherheitspolizeilichen Bestimmungen des Landesrechts finden Anwendung, soweit es sich um die Verhütung unmittelbarer Gefahr für Leben und Gesundheit der Teilnehmer an einer Versammlung handelt. Polizeiverordnungen über das Halten von Laienreden bei Beerdigungen sind deshalb nicht mehr anwendbar, KG. 4. Februar 1909 Jhrb. 37 C S. 58. Die für Schanklokale eingeführte Polizeistunde gilt aber auch den unter das Vereinsges. fallenden Versammlungen und Vereinen gegenüber, da die in der Polizeistunde liegende polizeiliche Beschränkung des Vereins- und Versammlungsrechts reichsgesetzlich durch § 365 StGB. zugelassen ist (§ 1 Abs. 1 Satz 2 des Reichsvereinsges.). Über polizeiliche Beschränkungen im Interesse der äußeren Sonntagsheiligung vgl. § 12.

Für öffentliche Theatervorstellungen kann durch PV. vorgeschrieben werden, daß der Unternehmer die polizeiliche Erlaubnis unter Einreichung zweier Exemplare des zur Aufführung bestimmten Stücks nachzusuchen hat, OVG. 1. Dezember 1892 Entsch. 24 S. 311, 24. Januar 1896 Entsch. 29 S. 429, KG. 31. Januar 1884 Jhrb. 4 S. 249. Auch die öffentliche Vorführung kinematographischer Bilder kann von einer zensurpolizeilichen Genehmigung abhängig gemacht werden, OVG. 21. Juni 1909 GA. 58 S. 20, KG. 29. September 1910 DJZ. 1910 S. 1357; vgl. Entwurf einer PV. v. 16. Dezember 1910 MBl. 1911 S. 59. Der Schluß der Theatervorstellungen kann auf eine bestimmte Zeit festgesetzt werden, KG. 17. Dezember 1894 Jhrb. 16 S. 337; ebenso können für Beginn und Schluß der in öffentlichen Lokalen stattfindenden sonstigen Vorstellungen und Instrumentalmusikaufführungen bestimmte Zeiten vorgeschrieben werden, KG. 16. Oktober 1893 Jhrb. 14 S. 272, 25. März 1895 Jhrb. 16 S. 338, 22. April 1907 Recht 07 S. 1343. Dagegen ist ungültig eine PV., welche bestimmt, daß der Betrieb von mechanischen Musikinstrumenten in Schankwirtschaften nicht vor einer bestimmten Tagesstunde beginnen und nicht über eine bestimmte Stunde hinaus fortgesetzt werden darf, KG. 15. Februar 1906 Jhrb. 32C S. 10, 16. September 1907 Recht 07 S. 1552. Von demjenigen, der Gesangs- und deklamatorische Vorträge, bei denen ein höheres Interesse der Kunst oder Wissenschaft nicht obwaltet, in Wirtschaften oder an öffentlichen Orten darbieten will, kann vorherige Anzeige bei der Ortspolizeibehörde verlangt werden, KG. 18. November 1897 DJZ. 97 S. 210, 17. Juni 1909 Recht 09 S. 750. Die nicht gewerbsmäßige öffentliche Darbietung deklamatorischer Vorträge kann allgemein durch PV. von der Genehmigung der Ortspolizeibehörde abhängig gemacht werden, KG. 7. Januar 1897 GA. 44 S. 417. Die Zulassung jugendlicher Personen zu Schaustellungen, theatralischen Vorstellungen und sonstigen Lustbarkeiten, bei denen kein höheres Interesse der Kunst oder Wissenschaft obwaltet, ohne Begleitung ihrer Eltern usw. kann untersagt werden, KG. 28. April 1910 Recht 1910 S. 821; ebenso der Besuch von Kindern in Kinematographentheatern von einer bestimmten Abendstunde ab auf Grund der lit. f und i, KG. 1. Juni 1911 DJZ. 1911 S. 1505.

Rechtsgültig ist eine PV., welche verbietet, daß rote Fahnen, deren Anbringung als Demonstration gegen die bestehende Ordnung zu wirken bestimmt oder geeignet ist, öffentlich sichtbar in Schanklokalen und öffentlichen Versammlungsräumen angebracht werden, KG. 25. Oktober 1897 DJZ. 98 S. 146 (vgl. oben S. 83).

Die Nichtbefolgung der Weisungen des Dienstpersonals der

Pferdebahn kann nur dann mit Strafe bedroht werden, wenn die Weisung den Zweck verfolgt, einer derjenigen Vorschriften der PV. Geltung zu verschaffen, welche ihre Grundlage in den §§ 6, 11 und 12 finden, insbesondere also, wenn diese Weisung sich gegen ein Verhalten richtet, welches die Ordnung und Gesetzlichkeit beim öffentlichen Zusammensein einer Personenmehrheit gefährdet; das Aufbewahren und Vorzeigen der Pferdebahnkarte kann nicht durch PV. vorgeschrieben werden, KG. 19. Februar 1894 GA. 41 S. 448.

e) das öffentliche Interesse in bezug auf die Aufnahme und Beherbergung von Fremden,[7] die Wein-, Bier- und Kaffeewirtschaften und sonstige Einrichtungen zur Verabreichung von Speisen und Getränken;[8]

V. v. 20. September 1867 § 6e u. Lauenb. Ges. § 7e übereinstimmend.

7. Für das gewerbsmäßige Kost- und Quartiergeben kann zwar durch PV. die Art der Ausübung des Gewerbes geregelt, nicht aber die Zulassung zum Gewerbebetrieb von gewissen persönlichen Eigenschaften des Kost- und Quartiergebers in einer Weise abhängig gemacht werden, welche die Polizeibehörde berechtigt wegen des Mangels dieser Eigenschaften den weiteren Gewerbebetrieb ganz zu untersagen, OVG. 18. Februar 1899 Entsch. 35 S. 328, 19. November 1903 GA. 51 S. 370. Aus gleichen Gründen ungültig ist auch eine PV., welche die Zulassung des Ökonomen einer Gesellschaft oder eines Vereins von einer Bescheinigung der Ortspolizeibehörde abhängig macht, daß seine Verwendung zu polizeilichen Bedenken keinen Anlaß gibt, KG. 16. Januar 1896 Jhrb. 17 S. 335. Zulässig aber ist eine PV., welche bestimmt, daß das Halten von Kost- und Quartiergängern der Polizei angezeigt werden muß und Personen verschiedenen Geschlechts nur mit polizeilicher Genehmigung aufgenommen werden dürfen, KG. 20. September 1909 Recht 1910 S. 44.

Für die Regelung des Meldewesens ist grundlegend das Ges. über die Aufnahme neu anziehender Personen vom 31. Dezember 1842, welches insoweit durch das Freizügigkeitsgesetz vom

1. November 1867 nicht berührt ist (§ 10). Soweit durch dieses Gesetz die Anmeldungspflicht der Anziehenden nicht bereits begründet ist, kann sie auch durch PV. vorgeschrieben werden. Den Gastwirten kann zur Pflicht gemacht werden, ein Fremdenbuch zu führen und darin bestimmte Angaben über die persönlichen Verhältnisse der von ihnen aufgenommenen Fremden sowie über deren Ankunft und Abreise zu machen, OTr. 24. November 1870 OR. 11 S. 567, KG. 3. Januar 1901 Jhrb. 21 C S. 14. Auch können die Gastwirte durch PV. verpflichtet werden, neben den Fremdenbüchern noch der Polizeibehörde täglich besondere Meldezettel über die beherbergten Fremden einzureichen, KG. 25. August 1908 Recht 08 S. 822. Ältere Polizeiverordnungen, welche den Gastwirten gewisse auf die polizeiliche Kontrollierung des Fremdenverkehrs abzielende Verpflichtungen auferlegen, sind durch die Gew. O. nicht aufgehoben OTr. 24. November 1870 OR. 11 S. 569. Gültig ist auch eine PV., wonach die Gasthofsbesitzer auf die richtige und vollständige Ausfüllung des Fremdenbuches zu achten haben, KG. 4. Mai 1893 GA. 41 S. 450.

Gast- und Schankwirten, welche Kellnerinnen halten, kann vorgeschrieben werden, ein Verzeichnis der Kellnerinnen mit bestimmten Angaben einzureichen und demnächst in gleicher Weise jeden Austritt und Eintritt der Kellnerinnen anzuzeigen, KG. 10. Mai 1909 Recht 09 S. 412. Rechtsungültig sind Polizeiverordnungen, welche bei der polizeilichen Anmeldung die gleichzeitige Vorlegung des Steuerzettels verlangen, weil sie nicht aus sicherheitspolizeilichen Rücksichten erlassen sind, sondern der Kontrolle der Steuerverhältnisse dienen, OTr. 11. Juli 1878 OR. 19 S. 365, KG. 1. Dezember 1902 VerwBl. 25 S. 215 (abweichend KG. 31. März 1884 Jhrb. 4 S. 324). Meldepflichten können immer nur den An- und Abziehenden selbst oder den Quartiergebern, nicht den Arbeitgebern auferlegt werden, KG. 3. Juli 1902 Jhrb. 24 C S. 108, 31. Oktober 1910 Recht 1910 S. 853. Zur Begründung der Meldepflicht genügt aber die Tatsache der Aufnahme, ohne daß es auf das Bestehen eines Rechtsverhältnisses zwischen Aufnehmenden und Aufgenommenen ankommt, KG. 22. Oktober 1906 DJZ. 07 S. 301. Die Annahme von Ausländern als Arbeiter kann nicht von polizeilicher Genehmigung abhängig gemacht werden, KG. 3. Juni 1901 Jhrb. 22C S. 91, OVG. 16. Dezember 1904 VerwBl. 26 S. 447. Eine PV., durch welche den Gastwirten eines Orts die Pflicht auferlegt wird, auf Anweisung des Ortsvorstandes Fremden stets Obdach zu gewähren, ist unverbindlich, OTr. 26. Juni 1878 GA. 26 S. 473. Vgl. hierzu Vfg. vom 16. Januar 1904 betr. die Regelung des Meldewesens MBl. S. 40.

8. I. Die Wein-, Bier- und Kaffeewirtschaften unterliegen nur insoweit der polizeilichen Regelung, als die betreffenden Räume dem öffentlichen Verkehr freistehen, KG. 17. Januar 1898 Jhrb. 18 S. 217; ferner halten sich Polizeiverordnungen nur dann in den durch § 6e gezogenen Grenzen, wenn sie tatsächlich den Betrieb und Verkehr, soweit er in diesen Wirtschaften stattfindet, einer Regelung unterwerfen, es ist deshalb eine PV., welche den Inhabern von Schankwirtschaften mit weiblicher Bedienung das Erwähnen der weiblichen Bedienung in den Geschäftsankündigungen verbietet, ungültig, KG. 3. Januar 1901 Jhrb. 21C S. 17. Zulässig ist eine PV., welche das gemeinschaftliche Sitzen der Kellnerinnen und der Gäste an einem Tische verbietet, KG. 12. Dezember 1892 GA. 40 S. 373, 21. Juni 1894 Jhrb. 15 S. 353; ungültig dagegen das Verbot, eine Kellnerin, über die Nachteiliges in sittlicher Beziehung bekannt geworden ist, anzunehmen oder der polizeilichen Eröffnung zuwider eine Person als Kellnerin zu beschäftigen oder ihren weiteren Aufenthalt in den Geschäfts- oder Wohnräumen zu dulden, weil eine solche Vorschrift gegen § 41 Gew.O. verstößt, OVG. 8. Februar 1897 Entsch. 32 S. 288, KG. 20. Juni 1907 Recht 07 S. 1343. Ungültig ist auch eine PV., welche den Wirten schlechthin untersagt, an Werktagen ihre Kegelbahnen ohne polizeiliche Erlaubnis zum Kegelspielen abzugeben, KG. 2. Mai 1895 Jhrb. 16 S. 325. Eine PV., welche den Schankwirten die Aufbewahrung und Vorlegung der Konzessionsurkunde auf Verlangen vorschreibt, ist für rechtsgültig erachtet worden, KG. 26. Januar 1902 Jhrb. 26C S. 7 (vgl. aber oben S. 55). Die Anforderungen, welche an das zum Betrieb der Gastwirtschaft bestimmte Lokal gestellt werden müssen, sind reichsgesetz-

lich geregelt und können im Wege einer PV. nicht geregelt werden, OVG. 3. November 1904 VerwBl. 26 S. 864.

II. Die Festsetzung der Polizeistunde gemäß § 365 StGB. braucht nach regelmäßiger Rechtsprechung des Kammergerichts nicht in Form einer PV. zu erfolgen, KG. 21. Juni 1888 Jhrb. 8 S. 147, 18. Januar 1892 Jhrb. 12 S. 169, 18. Januar 1897 DJZ. 97 S. 226, 18. Januar 1900 DJZ. 00 S. 279, abweichend KG. 31. Juli 1891 GA. 39 S. 182, das Reichsgericht verlangt in einer Entscheidung vom 13./15. März 1884 Strafs. 10 S. 296 anscheinend den Erlaß einer PV. Polizeistunde im Sinne des § 365 StGB. ist nur die Stunde, zu welcher abends spätestens die Schankstuben geschlossen werden müssen; die Festsetzung einer Stunde, zu welcher Gast- und Schankwirtschaften frühestens am Morgen geöffnet werden dürfen, kann nur gemäß § 6 und § 10 II 17 ALR. erfolgen, KG. 1. April 1909 Recht 09 S. 518. Durch eine PV. kann der Polizeibehörde die Ermächtigung erteilt werden, die Polizeistunde hinsichtlich einzelner Gewerbetreibender ausnahmsweise zu erweitern oder zu beschränken, KG. 7. März 1889 Jhrb. 9 S. 170. Ohne eine solche Ermächtigung aber ist die Polizeibehörde nicht berechtigt, die Polizeistunde für eine Schankwirtschaft auf eine frühere als die in der maßgebenden PV. allgemein vorgeschriebene Stunde festzusetzen, OVG. 5. November 1906 Entsch. 50 S. 366. Eine Polizeistunde kann auch für Speisewirtschaften, in denen Getränke nicht verabreicht werden, festgesetzt werden, KG. 6. Mai 1895 GA. 43 S. 61 in der Note, 7. Juni 1900 Jhrb. 20C S. 64. Ein Raum des Schanklokals verliert dadurch, daß der Ausschank eingestellt wird, nicht den Charakter einer Schankstätte, OVG. 14. Februar 1905 DJZ. 05 S. 866. Die Polizeistunde kann für die einzelnen Räume einer Wirtschaft verschieden bestimmt werden, KG. 25. Mai 1904 DJZ. 04 S. 819, OVG. 8. Juli 1907 VerwBl. 29 S. 647. Eine für Wirtshäuser usw. überhaupt festgesetzte Polizeistunde gilt auch für Bahnhofsrestaurationen in Ansehung des daselbst verkehrenden nicht reisenden Publikums, KG. 1. Oktober 1891 Jhrb. 12 S. 183, 1. Februar 1900 Jhrb. 20C S. 8, 23. Oktober 1905 DJZ. 06 S. 87. Anders liegt aber der Fall, sobald es sich um die Bewirtung von Personen, welche

Fahrgäste der Eisenbahn sind, handelt; hier steht eine Eisenbahnbetriebsangelegenheit im Sinne des § 75 der Betriebsordnung vom 4. November 1904 in Frage, deren ausschließliche Regelung, auch soweit polizeiliche Interessen in Frage kommen, der alleinigen sachlichen Zuständigkeit der Eisenbahnverwaltung untersteht, KG. 18. Oktober 1906 Recht 07 S. 783. Geschlossenen Gesellschaften kann überhaupt keine Polizeistunde gesetzt werden, insbesondere auch dann nicht, wenn sie in einer gewöhnlichen Schankwirtschaft einen Raum für sich benutzen, indem sie ihn dem öffentlichen Verkehr entziehen; eine PV., welche die ihren Betrieb auf den Kreis der Mitglieder beschränkenden Konsumvereine schlechthin der Polizeistunde unterwirft, ist ungültig, OVG. 20. Oktober 1902 Entsch. 42 S. 279, vgl. auch OVG. 17. Februar 1899 Entsch. 35 S. 436.

Über Anwendbarkeit der Polizeistunde gegenüber den unter das Vereinsgesetz fallenden Versammlungen vgl. oben S. 103.

III. Was die Bekämpfung des Mißbrauchs geistiger Getränke anbetrifft, so dürfen nicht Polizeiverordnungen schlechthin zur Beseitigung der Trunksucht erlassen werden, weil die Trunksucht noch keine unmittelbar bevorstehende Gefahr für Leben und Gesundheit bildet (vgl. lit. f); eine PV., welche den Gast- und Schankwirten und Kleinhändlern mit Spirituosen verbietet, Bier oder andere Spirituosen unter Kreditgewährung an Arbeiter in Fabriken oder auf Holzplätzen zu verabfolgen, ist deshalb ungültig, KG 22. August 1901 KG. 49 S. 150, ebenso eine PV., welche den Schankwirten jeden kreditweisen Verkauf von Branntwein verbietet, OVG. 29. März 1897 Entsch. 32 S. 287, KG. 15. Oktober 1888 Jhrb. 8 S. 150. Auch eine PV., welche allgemein die Verabfolgung von Branntwein und nicht denaturiertem Spiritus an Kinder, welche das schulpflichtige Alter nicht überschritten haben, verbietet, ist rechtsungültig, KG. 2. Oktober 1902 DJZ. 03 S. 33, desgleichen eine PV., welche das Einbringen, den Verkauf und das Verzehren von geistigen Getränken mit Ausnahme von Bier in Steinbrüchen, Steinbruchswerkstätten und auf dem die Steinbrüche in einem Umkreise bis zu 1 Kilometer umgebenden Gelände verbietet, KG. 30. November 1899 Jhrb. 19 S. 230. (Abweichende Grundsätze entwickelt KG. 12. Oktober 1899 DJZ. 00 S. 119, danach soll das Verbot des Kreditgebens, soweit damit der Trunksucht entgegengetreten werden soll, zulässig sein und ebenso das Verbot des Verkaufs von Spirituosen an Kinder.) Die Verabreichung geistiger Getränke an Angetrunkene und an die den Schankwirten als Trunkenbolde bezeichnete Personen kann verboten werden, KG. 14. Oktober 1889 Jhrb. 10 S. 273, 26. März 1906 Recht 07 S. 77. Es kann auch vorgeschrieben werden, daß die Namen der Trunkenbolde in einer Liste zu vermerken und diese im Lokal auszuhängen ist, KG. 21. Januar 1907 DJZ. 07 S. 541, 30. Januar 1908 Recht 08 S. 388, 18. Januar 1909 Recht 09 S. 255. Das Verbot ist aber auf die Verabfolgung von Getränken an Trunkenbolde in Ausübung des Gewerbes als Gast- oder Schankwirt zu beschränken, KG. 17. Mai 1906 DJZ. 06 S. 1030. Den Schankwirten kann zwar auferlegt werden, einen erklärten Trunkenbold als Gast in ihrem Lokale nicht zu dulden, nicht aber, ihm den Aufenthalt schlechtweg, also z. B. zur Ausführung von Arbeitsverrichtungen zu versagen, OVG. 1. Februar 1907 Entsch. 50 S. 261, 7. Juni 1907 DJZ. 08 S. 199; vgl. auch MBl. 07 S. 145. Über die erforderliche Bekanntmachung der Säuferliste vgl. KG. 5. April 1900 DJZ. 00 S. 483, 28. August 1908 Recht 08 S. 679; über Voraussetzungen der Erklärung zum Trunkenbold OVG. 31. Januar 1905 VerwBl. 26 S. 769, 22. Dezember 1905 VerwBl. 27 S. 787, 1. Februar 1907 Entsch. 50 S. 261. Ebenso ist eine PV., welche den Gast- und Schankwirten die Verabreichung von Speisen und Getränken an Schüler einer bestimmten Schule verbietet, für rechtsgültig erachtet worden, KG. 29. April 1897 GA. 45 S. 154, vgl. auch OTr. 4. November 1870 GA. 19 S. 44, OVG. 6. Oktober 1904 GA. 52 S. 413; desgleichen eine PV., welche Kindern unter 15 Jahren den Aufenthalt in den Gaststuben untersagt, KG. 12. November 1894 Jhrb. 16 S. 327.

Rechtsgültig ist auch die Vorschrift, daß Gast- und Schankwirte vor 8 Uhr morgens Branntwein oder Spiritus nicht verkaufen dürfen, KG. 22. Dezember 1902 VerwBl. 25 S. 214; sowie das Verbot, Spirituosen an fremde Arbeiter morgens vor 9 und abends nach 7 Uhr zu verkaufen, KG. 19. März 1896 Jhrb. 18 S. 224, vgl.

auch KG. 30. Januar 1899 DJZ. 99 S. 338. Dagegen ist ungültig eine PV., welche den Verkauf von Branntwein an wandernde Arbeiter und fremde Erntearbeiter überhaupt verbietet, weil sie nicht bezweckt im Interesse der Sicherheit des Verkehrs der Völlerei vorzubeugen, sondern, da sie einheimische Arbeiter ausnimmt, fremde Arbeiter aus der Gegend fernhalten will, KG. 26. März 1906 Jhrb. 32 C S. 13. Eine Bestimmung, welche die Aufbewahrung von Branntwein, Spiritus usw. in Läden oder Verkaufsstellen verbietet, deren Inhaber keine Erlaubnis zum Ausschank oder Kleinhandel mit geistigen Getränken haben, ist jedenfalls dann ungültig, wenn keine besonderen örtlichen Verhältnisse Anlaß zu der Vorschrift gegeben haben, KG. 17. Mai 1909 Jhrb. 38 C S. 12 (die abweichende Meinung im Jhrb. 8 S. 148 ist aufgegeben). Hinsichtlich der Beschränkungen des Schankverkehrs während der Zeit des Gottesdienstes vgl. § 12.

IV. Über die Veranstaltung von Lustbarkeiten vgl. im allgemeinen unter lit. d. Es ist unzulässig, weil mit der Gew. O. in Widerspruch stehend, die Schankwirte hinsichtlich der gewerbsmäßigen Veranstaltung von öffentlichen Instrumentalmusikaufführungen in den Schanklokalen von einer polizeilichen Erlaubnis abhängig zu machen, OVG. 4. Februar 1889 Entsch. 17 S. 386, Min.Erl. v. 4. März 1889 MBl. S. 64, vgl. auch KG. 2. Dezember 1880 Jhrb. 7 S. 241, zulässig dagegen den Inhabern der Schanklokale durch PV. zur Pflicht zu machen, von der beabsichtigten Aufführung der Polizeibehörde vorherige schriftliche Anzeige zu erstatten, KG. 15. Oktober 1888 Jhrb. 9 S. 183. Ungültig ist eine PV., die die Erteilung von Tanzunterricht in Wirtschaften und in Häusern, in denen sich Wirtschaften befinden, verbietet, KG. 12. Juni 1911 Recht 1911 S. 1449.

f) Sorge für Leben und Gesundheit;[9]

V. v. 20. September 1867 § 6f u. Lauenb. Ges. § 7f übereinstimmend.

9. Der Landrat sowie die Ortspolizeibehörde sollen vor Erlaß von Polizeiverordnungen, die das Gesundheitswesen betreffen, den Kreisarzt hören (Ges. v. 16. September 1899 — GS. S. 172 — § 7).

I. Hinsichtlich der Grenzen des Polizeiverordnungsrechts ist festzuhalten, daß dasselbe nicht alle Vorschriften umfaßt, welche im Interesse der menschlichen Gesundheit wünschenswert oder erstrebenswert erscheinen, sondern nur den Schutz der menschlichen Gesundheit gegen drohende, anders nicht zu beseitigende Gefahren. Es darf deshalb insbesondere die Einrichtung und Ausstattung der nicht dem Betriebe dienenden Schlaf- und Aufenthaltsräume von Arbeitern nicht im allgemeinen Interesse der Gesundheit oder der Volkswohlfahrt geregelt werden, ebensowenig können Polizeiverordnungen bestimmen, was der Arbeitgeber dem Arbeitnehmer zu gewähren hat, oder den Aushang polizeilicher Verordnungen in Schlaf- und Wohnräumen der Arbeiter vorschreiben; dagegen ist es gestattet, verschärfte Vorkehrungen für Massenquartiere anzuordnen, wobei sich die PV. auf die Unterkunftsräume der Arbeiter beschränken kann, die in einer gewissen Art von Betrieben beschäftigt werden, und nicht für Massenquartiere aller Art erlassen zu werden braucht, KG. 5. Juni 1905 Jhrb. 30 C S. 3. Ebenso ist es gestattet, gesteigerte baupolizeiliche Anforderungen an die Ausstattung und Einrichtung von Räumen zu stellen, bei denen, wie bei Baracken für Saisonarbeiter, Ausnahmen von den gewöhnlichen baupolizeilichen Vorschriften zugelassen sind, KG. 17. April 1902 Jhrb. 24 C S. 11. Den Inhabern von Arbeitermassenquartieren kann auch die Verpflichtung auferlegt werden, die polizeilich erlassene Hausordnung in den Wohn- und Schlafräumen des Arbeiterhauses anzuschlagen, OVG. 1. April 1909 Entsch. 54 S. 385. Zu den Aufgaben der Polizei gehört es im allgemeinen nicht, im Interesse einer gedeihlichen Erziehung von Kindern oder zur Verhütung ihrer geistigen oder körperlichen Verwahrlosung unmittelbar gebietend oder verbietend einzuschreiten; eine PV., welche zur Annahme schulpflichtiger Kinder als Gesinde ortspolizeiliche Erlaubnis verlangt, ferner die Behandlung solcher Kinder als Familienmitglieder und Anhaltung zum regelmäßigen Schul- und Kirchenbesuch vorschreibt, steht deshalb nicht nur mit der Gesindeordnung in Widerspruch, sondern überschreitet auch die durch lit. f gezogenen Grenzen; zulässig ist es dagegen, die Erziehung von Kindern gegen Entgelt — die Übernahme sogen.

Zieh- oder Haltekinder — von ortspolizeilicher Erlaubnis abhängig zu machen, OVG. 25. Juni 1901 Entsch. 39 S. 382, 4. Januar 1910 VerwBl. 31 S. 716.

II. Der Umfang der Bebauung der Grundstücke (vgl. auch lit. b) kann durch PV. geregelt, dabei können aus sanitären Gründen den Eigentümern Beschränkungen auferlegt werden, namentlich hinsichtlich der Zahl der Stockwerke, der Höhe der Gebäude, des Verhältnisses der bebaubaren Fläche zur Größe des ganzen Grundstücks, des Freilassens von Zwischenräumen zwischen den Gebäuden (Bauwich) usw.; auch können für die einzelnen Teile eines Ortes verschiedene Vorschriften über die Dichtigkeit der Bebauung erlassen und sogenannte Landhausviertel sichergestellt werden, OVG. 4. Oktober 1892 Entsch. 23 S. 349, 31. Januar 1893 Entsch. 24 S. 351, 27. November 1895 Entsch. 29 S. 384, 8. Januar 1910 Entsch. 56 S. 423, 16. März 1910 VerwBl. 32 S. 169, KG. 23. Januar 1908 DJZ. 08 S. 310, 25. Oktober 1909 Recht 1910 S. 356.

Auch können für bestimmte Teile eines Kommunalbezirks Anlagen und gewerbliche Betriebe gänzlich ausgeschlossen werden, welche in irgendeiner Art, insbesondere durch Rauch, Ruß, üblen Geruch, schädliche Ausdünstung, ungewöhnlichen Lärm, Gefahren für das Publikum herbeiführen können, OVG. 3. November 1898 Entsch. 34 S. 394, vgl. auch KG. 11. Juni 1896 GA. 44 S. 172; aber die Vorschrift, daß in einem bestimmten Viertel nur Wohngebäude errichtet werden dürfen, geht über die zulässigen Grenzen hinaus, OVG. 2. Juli 1900 Entsch. 37 S. 401, 11. Juni 1910 Entsch. 57 S. 461 (dagegen RG. 24. März 1905 DJZ. 05 S. 554). Auch ist eine PV. insofern ungültig, als sie nicht nur der Gefährdung, sondern auch der Belästigung der Nachbarschaft entgegentritt, weil gegen Belästigungen nur dann polizeilich eingeschritten werden darf, wenn dadurch die Ordnung, Sicherheit und Leichtigkeit des Verkehrs auf öffentlichen Straßen usw. beeinträchtigt wird, OVG. 27. März 1899 Entsch. 35 S. 382, 9. Februar 1903 Entsch. 43 S. 376. Ungültig sind Bestimmungen, wonach Gebäude, welche gewerblichen Zwecken dienen, eine

Mindestentfernung von der Nachbargrenze einhalten müssen, und solche, wonach Bauten, die in irgendeiner Weise zu gewerblichen Anlagen gehören, in gewissen Ortsteilen verboten sind, OVG. 13. Januar 1894 Entsch. 26 S. 323, 3. November 1898 VerwBl. 20 S. 182, 25. Juni 1901 Entsch. 39 S. 382, 11. Juni 1910 Entsch. 57 S. 461. Vgl. ferner über die Grenzen des Rechts durch Polizeiverordnungen die Baufreiheit einzuschränken und die Verwendung von Räumen zu bestimmten Zwecken zu untersagen, OVG. 7. März 1898 Entsch. 34 S. 375. Rechtsgültig ist eine PV., welche die Errichtung von Gebäuden innerhalb bestimmter Entfernung von Pulvermagazinen verbietet, OVG. 19. März 1908 GA. 56 S. 328. Zulässig ist es, durch PV. das Halten von Schweinen in gewissen Stadtgegenden von polizeilicher Genehmigung abhängig zu machen oder die Schweinehaltung auf ein bestimmtes Maß zu beschränken, KG. 22. Mai 1890 Jhrb. 10 S. 165, 20. April 1911 DJZ. 1911 S. 989. Durch PV. kann der Ortspolizeibehörde die Befugnis beigelegt werden, das Halten von Kost- und Quartiergängern davon abhängig zu machen, daß die dem Kost- oder Quartiergeber verbleibenden Wohn- und Schlafräume für jede zu seiner Haushaltung gehörige Person ein bestimmtes Mindestmaß an Luftraum enthalten, KG. 8. Februar 1897 DJZ. 97 S. 246. Eine PV. welche geschlossenen Gesellschaften, wenn die Gesellschaftsräume den nach der Gesamtzahl der Mitglieder bemessenen gesundheitspolizeilichen Anforderungen nicht entsprechen, jede weitere Benutzung dieser Räume untersagt, so daß die Räume nicht einmal von so vielen Mitgliedern als nach dem eigenen Maßstabe der PV. sich ohne Gesundheitsgefahr gleichzeitig darin aufhalten können, benutzt werden dürfen, überschreitet die zulässigen Grenzen und ist rechtsungültig, OVG. 19. Dezember 1895 Entsch. 29 S. 447.

III. Der Anschluß der bebauten Grundstücke an eine von der Gemeinde hergestellte Wasserleitung kann allgemein durch PV. angeordnet werden, OVG. 10. Juli 1895 Entsch. 28 S. 354, 31. Mai 1897 Entsch. 31 S. 360, 17. September 1901 VerwBl. 23 S. 534, 15. April 1904 VerwBl. 26 S. 150, 2. April 1909 Entsch. 54 S. 441, KG. 27. April 1905 DJZ. 05 S. 819. Allein der durch PV. eingeführte Anschlußzwang hat nicht eine so weitgehende

Wirkung, daß er die angeschlossenen Grundstückseigentümer verpflichtet, ihr Trink- und Gebrauchswasser nur aus der städtischen Wasserleitung zu entnehmen, OVG. 30. April 1908 Entsch. 52 S. 376.

Ein Zwang zum Anschluß an eine städtische Kanalisation kann durch PV. nur insoweit ausgeübt werden, als die Gemeinde durch Ortsstatut verpflichtet ist, den betreffenden Straßenkanal imstande und zur Aufnahme der Abwässer bereit zu halten, KG. 1. Februar 1909 Jhrb. 37C S. 76. Dagegen hält das OVG. es für ausreichend, daß die Gemeinde die Kanalisation zur Entwässerung der Hausgrundstücke angelegt und ausdrücklich oder durch konkludente Handlungen gewidmet hat, OVG. 11. Dezember 1909 VerwBl. 32 S. 39, vgl. auch OVG. 5. Juni 1884 VerwBl. 5 S. 326, 6. Juni 1898 VerwBl. 20 S. 278. Zulässig sind auch polizeiliche Vorschriften, die erforderlich sind, um die dauernde Erhaltung der Kanäle in einem ihrem Zweck entsprechenden Zustande sicher zu stellen, OVG. 2. Juni 1904 VerwBl. 26 S. 635. Gültig ist eine PV., welche von den Hauseigentümern verlangt, daß sie Spülanlagen so einrichten, daß aus ihnen ein Rückfließen oder Rücksaugen in die Reinwasserleitung nicht stattfinden kann, OVG. 19. Januar 1904 VerwBl. 26 S. 45.

IV. Die Fäkalienabfuhr kann in der Weise geregelt werden, daß sie durch Ortsstatut zu einer Gemeindeangelegenheit gemacht wird und die Gemeinde durch einen mit einem Unternehmer geschlossenen Vertrag diesem die Ausführung der ihr obliegenden Aufgabe überträgt; dann ist die Ortspolizeibehörde daneben befugt, aus gesundheitspolizeilichen Gründen durch PV. die Verpflichtung gegen die Grundbesitzer auszusprechen, die Grubenräumung nur durch die seitens der Gemeinde dazu bestimmten Personen bewirken zu lassen; wenn auf diese Weise auch tatsächlich alle übrigen Personen von der Fäkalienabfuhr ausgeschlossen sind, so liegt doch ein Eingriff in das durch § 1 Gew.O. statuierte Prinzip der Gewerbefreiheit nicht vor, OVG. 16. Juni 1897 Entsch. 32 S. 302, KG. 18. Januar 1906 Jhrb. 31C S. 48, vgl. auch OVG. 9. Januar 1894 Entsch. 26 S. 51. Unerläßliche Voraussetzung für den polizeilichen Zwang, sich einer durch Ortsstatut eingerichteten Anstalt zur Fäkalienabfuhr zu bedienen, ist aber stets, daß das Ortsstatut selbst rechtlichen Bestand hat, OVG. 7. Januar 1901 GA. 48 S. 376, ohne eine derartige ortsstatutarische Bestimmung entbehrt die Bestimmung einer PV., daß alle von der Stadt mit der Entleerung der Aborte, Jauchegruben usw. nicht beauftragten Unternehmer von der Ausübung dieses Gewerbes ausgeschlossen sind, der Rechtsgültigkeit, KG. 13. Februar 1896 Jhrb. 17 S. 337. Gültig ist die Bestimmung einer PV., daß zur Entleerung der Abtrittsgruben nur solche Apparate verwendet werden dürfen, welche als vorschriftsmäßig anerkannt und mit dem polizeilichen Genehmigungsmerkmale versehen sind, KG. 17. März 1892 Jhrb. 13 S. 276, sowie ferner die Vorschrift, wonach Fäkalien nur in Sammelgruben, welche an geeigneten Orten nach polizeilichen Vorschriften herzustellen sind, aufbewahrt werden dürfen, KG. 24. April 1893 GA. 42 S. 447. Es kann auch gültig bestimmt werden, daß der Inhalt der Abtrittsgruben, wenn er in einer Entfernung von weniger als 100 Meter von Wohnungen als Düngemittel Verwendung finden soll, unverzüglich unterzupflügen ist (kein Gegenstand der landwirtschaftlichen Polizei vgl. § 7), KG. 31. März 1898 GA. 46 S. 149. Dagegen entbehrt eine polizeiliche Vorschrift, daß für Räumung der Abortsgruben den Unternehmern eine bestimmte Gebühr zu entrichten und der Grubeninhalt ohne Entschädigung zu überweisen sei, der Rechtsgültigkeit, KG. 14. März 1895 Jhrb. 16 S. 349. Über Rechtsgültigkeit einer PV. betreffend Aufmauerung und Bedeckung der Düngergruben vgl. OTr. 14. Januar 1869 GA. 17 S. 287. Zulässig sind Polizeiverordnungen, welche die Herstellung und örtliche Entfernung der Aborte, Sammelgruben, Dungstätten, Müllgruben usw. von der Straße und Nachbargrenze regeln, OVG. 13. November 1903 VerwBl. 25 S. 592.

Eine Polizeivorschrift, nach der die Kadaver gefallener Tiere einer von der Gemeinde errichteten Fleischvernichtungsanstalt zuzuführen sind, ist rechtsgültig, sofern nicht Abdeckereiprivilegien entgegenstehen und sofern die Gemeinde die Verpflichtung zur Abholung und Beseitigung der Kadaver durch Ortsstatut übernommen hat, KG. 14. Juni 1909 VerwBl. 31 S. 178, 22. September 1910 Jhrb. 40C S 454. Vgl. RGes. betreffend die Beseitigung von Tierkadavern v. 17. Juni 1911 (RGBl. S. 248).

Bezüglich der Müllabfuhr kann vorgeschrieben werden, daß die Beförderung von Müll und sonstigen Abfallstoffen nur mittels solcher Wagen geschehen darf, welche mit dicht schließenden Deckeln versehen und während der Fahrt dichtgeschlossen sind, KG. 23. November 1893 GA. 41 S. 452, ferner, wenn die Abfuhr des Mülls durch die Gemeinde erfolgt, daß Zinkeimer zur Aufnahme des Kehrrichts usw. benutzt werden müssen und daß die Hauseigentümer bzw. deren Stellvertreter für die Befolgung dieser Vorschrift verantwortlich sind, KG. 25. Juni 1903 Jhrb. 26C S. 58. Eine PV., welche die Verpflichtung von Gemeindeangehörigen zur Benutzung einer für die Müllabfuhr durch Ortsstatut eingerichteten Gemeindeanstalt festsetzt, ist auch dann rechtsgültig, wenn in dem Ortsstatut angeordnet wird, daß die zur Abfuhr bereitgestellten Abfälle mit dem Zeitpunkt der Bereitstellung Eigentum der Gemeinde werden, KG. 16. März 1905 Jhrb. 29C S. 53, 15. Mai 1911 Recht 1911 S. 491. Die Polizeibehörde kann auch durch eine PV. die Bürger verpflichten, den Müll durch einen von ihr bestimmten Unternehmer abfahren zu lassen, sie kann aber nicht die Bürger zur Zahlung des durch Vertrag mit dem Unternehmer festgesetzten Entgelts anhalten; hierzu ist ein Ortsstatut nötig, RG. 12. Juni 1899 JW. 99 S. 456. Gültig ist eine PV., welche den Hausbesitzern die Reinigung der zu ihren Hausgrundstücken gehörigen Höfe aufgibt, KG. 21. Oktober 1909 Recht 1910 S. 90; ebenso eine PV., welche die regelmäßige Reinigung künstlicher Wasserläufe vorschreibt, KG. 17. April 1890 Jhrb. 10 S. 239. Durch PV. kann das Abladen und die Lagerung von Küchenabfällen, Müll usw. sowie von anderen ähnlichen und von allen übelriechenden Stoffen ohne Genehmigung der Polizei verboten werden, KG. 21. November 1907 Recht 08 S. 250.

V. Eine PV., welche eine Zwangspflicht einführt zur Benutzung städtischer Einrichtungen bei Überführung von Leichen nach dem Friedhof ist gültig, wenn die Gemeinde durch ein rechtsgültiges Ortsstatut die Leichenüberführung als Gemeindeangelegenheit übernommen und sich dadurch zu ihrer Besorgung verpflichtet hat, KG. 14. Oktober 1909 Jhrb. 38 C S. 46. Rechtsgültig ist auch eine PV., welche das Tragen von Leichen über zehn Jahre alter Personen zum Friedhofe nur in Zinksärgen gestattet, KG. 20. April 1893 Jhrb. 14 S. 262. Dagegen ist als über die durch lit. f begrenzten Zwecke hinausgehend für ungültig erklärt eine PV., welche die Hilfeleistung beim Verkleiden und Einsargen von Leichen den zunächst wohnenden Nachbarn auferlegt, KG. 7. Mai 1896 Jhrb. 18 S. 356.

VI. Durch PV. kann die Beleuchtung der Hausflure, Treppen und Korridore in bewohnten Gebäuden mit Eintritt der Dunkelheit, sofern dieselben nicht von dieser Tageszeit ab gegen die Straße dauernd abgeschlossen gehalten werden, vorgeschrieben werden, KG. 28. Januar 1886 Jhrb. 6 S. 317, denn hierdurch wird keine neue Verpflichtung begründet, sondern nur die Erfüllung der aus dem Eigentum entspringenden öffentlich rechtlichen Pflicht jedes Eigentümers gesichert, sein Grundstück in einem solchen Zustande zu erhalten bzw. so umzugestalten, daß polizeilich zu schützende öffentliche Interessen nicht beeinträchtigt werden oder gefährdet werden, OVG. 23. November 1889 Entsch. 18 S. 411. Diese Verpflichtung liegt neben dem Eigentümer auch jedem, der, insbesondere auf Grund privatrechtlicher Abmachungen, eine tatsächliche Herrschaft über die Sache ausübt, innerhalb der Grenzen seiner Vertretungsbefugnis ob; es ist deshalb die Bestimmung, nach der für die vorgeschriebene Treppenbeleuchtung neben dem Hauseigentümer auch der Verwalter verantwortlich ist, gültig, KG. 15. März 1909 Jhrb. 37 C S. 4.

VII. Hinsichtlich des Verkehrs mit Fleisch waren bereits früher Polizeiverordnungen, welche die Untersuchung von Schweinefleisch auf Trichinen anordneten, für rechtsgültig erklärt worden, KG. 14. Januar 1884 Jhrb. 5 S. 310, 22. Oktober 1894 Jhrb. 16 S. 462. Jetzt gelten über die Trichinenschau die Bestimmungen des Gesetzes, betr. Ausführung des Schlachtvieh- und Fleischbeschaugesetzes, vom 28. Juni 1902 (GS. S. 229), welches namentlich in § 1 Abs. 1, 2 und § 3 Satz 1 bestimmt:

„§ 1. Schweine und Wildschweine, deren Fleisch zum Genusse für Menschen verwendet werden soll, unterliegen einer amtlichen Untersuchung auf Trichinen.

Bei Schweinen, deren Fleisch ausschließlich im eigenen Haushalte des Besitzers verwendet werden soll, darf die Untersuchung unterbleiben, soweit nicht durch PV. etwas anders bestimmt ist oder wird.

§ 3. Die amtliche Untersuchung auf Trichinen (§§ 1 und 2) findet in den Hohenzollernschen Landen nur statt, soweit es durch PV. bestimmt wird."

Dieses Gesetz enthält auch Vorschriften über den Vertrieb und die Verwendung von Fleisch, welches zwar zum Genusse für Menschen tauglich, jedoch in seinem Nahrungs- und Genußwert erheblich herabgesetzt ist — §§ 7 ff. (vgl. auch unter lit. c). Die Behandlung des zum Genuß für Menschen ungeeigneten Fleisches ist gesetzlich erschöpfend geregelt; neue Polizeiverordnungen über diese Materie dürfen nur insoweit erlassen werden, als die Gesetze es ausdrücklich gestatten; ältere Polizeiverordnungen über Punkte, für die eine solche Ermächtigung nicht besteht, sind außer Kraft getreten, KG. 25. Juni 1908 Jhrb. 36 C S. 88. Die im § 24 des RG., betr. die Schlachtvieh- und Fleischbeschau, vom 3. Juni 1900 (RGBl. S. 547) zugelassenen landesrechtlichen Vorschriften, welche mit Bezug auf die der Untersuchung zu unterwerfenden Tiere, die Ausführung der Untersuchung durch approbierte Tierärzte, den Vertrieb beanstandeten Fleisches oder des Fleisches von Pferden usw. weitergehende Verpflichtungen als das RGes. begründen, können nach § 13 des AG., soweit dieses nichts anderes bestimmt, durch PV. erlassen werden. Dagegen ist der Erlaß von Polizeiverordnungen auf Grund des § 20 Abs. 1 des RGes. und des § 5 des AG. unzulässig, insbesondere darf eine allgemeine Nachuntersuchung des bereits untersuchten Fleisches auch zum Zwecke der in diesen Vorschriften erwähnten Feststellungen nicht vorgeschrieben werden, KG. 31. Mai 1906 Jhrb. 33 C S. 78. Gültig ist eine PV., welche den Vertrieb aufgeblasener Schlachttiere oder aufgeblasener Teile derselben verbietet, KG. 5. Januar 1888 Jhrb.

8 S. 188, dagegen ist eine PV., welche ganz allgemein das Aufblasen des Fleisches geschlachteter Tiere verbietet, also auch des Fleisches, welches nicht bestimmt ist zur menschlichen Nahrung zu dienen, für ungültig erklärt, KG. 2. Mai 1895 GA. 43 S. 433 in der Note. Rechtsgültig ist eine PV., welche für die zur Beförderung von Schlachtvieh benutzten Fuhrwerke bestimmte Maße vorschreibt, weil der Genuß des Fleisches von kurz vor dem Schlachten zusammengepreßtem Vieh der menschlichen Gesundheit schädlich werden kann, KG. 15. Dezember 1904 DJZ. 05 S. 221; ebenso eine PV., welche das Befördern von Fleisch mittels Hundewagen verbietet, KG. 12. April 1903 Recht 07 S. 78.

Der Schlachthauszwang ist geregelt im Gesetz vom 18. März 1868 (GS. S. 277) in der durch Gesetz vom 9. März 1881 (GS. S. 273) und 29. Mai 1902 (GS. S. 162) abgeänderten Fassung Weitere Beschränkungen des Schlachtens und des Fleischhandels können auch durch PV. nicht angeordnet werden, KG. 12. Juni 1890 Jhrb. 10 S. 168, 25. November 1907 Recht 08 S. 718; es ist deshalb eine PV., welche das außerhalb des Gemeindebezirks zum Zwecke der Umgehung des Schlachtzwanges erfolgende Schlachten verbietet, rechtsungültig, KG. 20. Oktober 1902 Jhrb. 25C S. 41, ebenso eine PV., welche den Untersuchungszwang auch für das nicht zum Zwecke des Verkehrs eingeführte Fleisch anordnet, KG. 2. November 1899 Jhrb. 19 S. 337. Für zulässig ist es erklärt, durch PV. vorzuschreiben, daß alles von auswärts eingebrachte frische Fleisch zum Zwecke der Untersuchung sofort auf dem kürzesten Wege nach dem städtischen Schlachthause gebracht werden muß, und zwar auch dasjenige frische Fleisch, welches auf Grund vorgängiger Bestellung der in der Stadt wohnenden Kunden in die Stadt eingeführt wird, KG. 7. Juli 1892 GA. 41 S. 78. Eine PV., welche nicht die Ausübung des Fleischbeschaugewerbes als solchen, wohl aber die amtliche Tätigkeit der Fleischbeschauer auf bestimmte Bezirke beschränkt, verstößt nicht gegen § 1 Gew.O. und ist gültig, KG. 14. Januar 1884 Jhrb. 5 S. 310, 19. Februar 1900 Jhrb. 20C S. 14.

VIII. Die Maßregeln zur Bekämpfung ansteckender Krankheiten sind, abgesehen von den durch § 361 Nr. 6 StGB.

vorbehaltenen polizeilichen Bestimmungen, gesetzlich, nämlich durch das RGes. v. 30. Juni 1900 (RGBl. S. 306) und des PrGes. v. 28. August 1905 (GS. S. 373) erschöpfend geregelt; durch § 37 Abs. 1 des Pr. Ges. sind alle bestehenden gesetzlichen Bestimmungen über die Bekämpfung ansteckender Krankheiten, wozu auch die durch PV. erlassenen gehören, aufgehoben, KG. 19. April 1906 Jhrb. 32 C S. 44. Es ist deshalb eine PV., welche, um der Übertragung ansteckender Krankheiten, wie der Bartflechte, entgegenzutreten, die Reinlichkeit im Barbiergewerbe sichern will, z. B. das Abwaschen des Gesichts nach erfolgtem Rasieren vorschreibt, rechtsungültig, KG. 8. Oktober 1906 Jhrb. 33 C S. 67, 19. September 1907 Jhrb. 34 C S. 57; für gültig sind aber ähnliche Polizeiverordnungen erachtet worden, wenn sie nicht lediglich den Zweck verfolgen, ansteckenden Krankheiten vorzubeugen, sondern im Interesse der Gesundheit allgemein erlassen sind (KG. 13. Juli 1908 DJZ. 09 S. 1088), z. B. eine PV., welche in den Barbierstuben die Benutzung von Schwämmen verbietet, KG. 17. September 1908 Recht 08 S. 822; eine PV., welche die Reinigung der im Friseurgewerbe gebrauchten Instrumente mit desinfizierender Flüssigkeit vorschreibt, KG. 19. September 1910 Recht 1910 S. 709; vgl. auch KG. 19. Oktober 1908 Jhrb. 36 C S. 82. Eine PV., welche den Kellnerinnen die Verpflichtung auferlegt, sich ärztlich untersuchen zu lassen, und den Wirten die Verpflichtung, die ärztlichen Atteste der Polizeibehörde einzureichen, hat jedenfalls nach dem Inkrafttreten des Pr. Ges. v. 28. August 1905 ihre Wirksamkeit eingebüßt, KG. 19. April 1906 Jhrb. 32 C S. 44. Ungültig ist eine PV., welche bestimmt, daß die wegen Gewerbsunzucht der Sittenkontrolle unterstellten Frauenspersonen vertraglich ihre Aufnahme in ein Hospital bei Erkrankung an einer ansteckenden Geschlechtskrankheit sicherzustellen und sich jederzeit auf Erfordern hierüber auszuweisen haben, KG. 2. April 1900 DJZ. 00 S. 483.

IX. Die Ausübung der Heilkunde ist zwar freigegeben, es ist aber die Ansicht, daß eine PV. über Bekämpfung der Kurpfuscherei deshalb ungültig sei, weil diese Materie durch die Gew. O. vollständig geregelt sei, unzutreffend; auch mit den Bestimmungen des UnlWGes. befindet sich eine solche PV. nicht in Widerspruch,

RG. 18. Juni 1907 Strafs. 40 S. 224. Solchen Personen, die, ohne approbiert zu sein, die Heilkunde gewerbsmäßig ausüben wollen, kann durch PV. die Pflicht auferlegt werden, dem Kreisarzt hiervon Meldung zu machen, darin liegt keine Beschränkung der Zulassung zum Gewerbe der Ausübung der Heilkunde, KG. 16. April 1903 DJZ. 03 S. 323. Über die Rechtsgültigkeit einer PV. betr. Meldung des Arztes beim Kreisphysikus vgl. KG. 2. Januar 1893 GA. 40 S. 376. Ferner können durch PV. rechtsgültig unter Strafe gestellt werden öffentliche Anzeigen von nicht approbierten Personen, welche die Heilkunde gewerbsmäßig ausüben, sofern solche Anzeigen über Vorbildung, Befähigung oder Erfolge dieser Personen zu täuschen geeignet sind, KG. 28. Mai 1903 DJZ. 03 S. 431, 15. Februar 1906 Jhrb. 32 C S. 47. Vgl. hierzu ferner Min.Erl. v. 28. Juni 1902 (MBl. S. 241) und 31. Dezember 1902 (MBl. 1903 S. 23), ferner KG. 7. Februar 1910 Recht 1910 S. 708. Rechtsgültig ist eine PV., welche die Hebammen mit Strafe bedroht, wenn sie durch ihr Benehmen dem Arzt gegenüber die schuldige Achtung verletzen, weil eine solche Achtungsverletzung unter Umständen geeignet sein kann, die Gesundheit der Wöchnerin zu gefährden, KG. 21. September 1899 Jhrb. 19 S. 342; ferner eine PV., nach der Nichthebammen, die zur Ausübung geburtshilflicher Tätigkeit zu einer Kreißenden gerufen werden, für die Herbeiholung eines Arztes oder einer Hebamme Sorge zu tragen haben, KG. 23. November 1903 Jhrb. 27 C S. 23 — eine solche PV. ist nicht auf Personen männlichen Geschlechts, also auch nicht auf den Ehemann der Kreißenden zu beziehen, KG. 27. Oktober 1904 Jhrb. 28 C S. 66 —.

Die öffentliche **Ankündigung** und **Anpreisung** von **Geheimmitteln** und Arzneimitteln, deren Verkauf einer gesetzlichen Beschränkung unterliegt, zum Verkauf kann durch PV. untersagt werden, KG. 21. Dezember 1891 Jhrb. 12 S. 262, 3. Dezember 1888 Jhrb. 9 S. 226, vgl. auch OTr. 18. Oktober 1866 OR. 7 S. 555. Ein solches Verbot bezieht sich auch auf den zum Verkauf dieser Arzneimittel berechtigten Apotheker, da den Apothekern nicht ohne weiteres alle Handlungen gestattet sind, welche zur Vorbereitung oder Herbeiführung von Verkäufen dienen können, KG. 14. Juni

1900 Jhrb. 20C S. 93 vgl. auch KG. 24. Oktober 1887 Jhrb. 7 S. 228, 31. Oktober 1895 Jhrb. 17 S. 447. Dabei ist unter Geheimmittel jedes Arznei- oder Heilmittel gegen Krankheiten, Körperschäden oder Leiden zu verstehen, dessen Bestandteile, Zusammensetzung und Zubereitungsart nicht sogleich bei dessen Feilbieten dem Publikum bekannt gemacht werden, KG. 4. Januar 1891 Jhrb. 12 S. 265 vgl. auch KG. 26. Oktober u. 9. November 1891 Jhrb. 12 S. 266 u. 268, 15. Mai 1893 Jhrb. 14 S. 402, 12. März 1900 Jhrb. 20C S. 49, 7. Februar 1901 Jhrb. 21C S. 108. Zu den Geheimmitteln gehören ausschließlich Arzneimittel d. h. solche Waren, welche zu Heil- oder sonstigen arzneilichen Zwecken ganz oder teilweise mit dem menschlichen Körper vereinigt werden sollen, nicht aber Mittel, denen eine lediglich dynamische Wirkung zugeschrieben wird z. B. Apparate, KG. 16. Dezember 1901 Jhrb. 23C S. 57. Dagegen ist für Polizeiverordnungen, welche das Feilhalten und den Verkauf von Arzneimitteln und Geheimmitteln außerhalb der Apotheken regeln, neben den gemäß § 6 Abs. 2 Gew. O. erlassenen Kaiserlichen Verordnungen über die dem freien Verkehr überlassenen Arzneimittel und § 367 Nr. 3 StGB. kein Raum mehr, KG. 16. Dezember 1901 Jhrb. 23C S. 57, 25. September 1905 Jhrb. 30C S. 33. Vgl. auch Min.Erl. v. 8. Juli 1903 (MBl. S. 194) betr. den Verkehr mit Geheimmitteln und ähnlichen Arzneimitteln nebst Entwurf diesbezüglicher Polizeivorschriften. Eine PV., welche die öffentliche Ankündigung von Mitteln gegen Menschen- oder Tierkrankheiten verbietet, wenn das Publikum durch die Art ihrer Anpreisung belästigt wird, ist ungültig, weil sie die durch § 10 II 17 ALR. begrenzten Aufgaben der Polizei überschreitet, KG. 3. Mai 1906 Recht 07 S. 78.

X. Durch PV. kann das Tragen von Waffen verboten oder von der Lösung eines Waffenscheins abhängig gemacht werden, weil weder durch § 345 Nr. 7 Preuß. StGB. noch durch § 367 Nr. 9 StGB. die Materie des Waffentragens erschöpfend geregelt ist, RG. 19. Februar und 20. Mai 1903 Straff. 36 S. 109 und 248, OVG. 25. Mai 1906 Entsch. 49 S. 400, KG. 5. Oktober 1903 Jhrb. 26C S. 85 (unter Mißbilligung seiner früheren abweichenden Ansicht); auch liegt darin, daß eine PV. den Verkauf von Waffen nur gegen Vorzeigung eines Waffenscheines zuläßt, kein Verstoß gegen die Gew.O., KG. 5. Oktober 1903 DJZ. 03 S. 503, OVG. 14. April 1904 Entsch. 45 S. 341; derartige Polizeiverordnungen finden aber auf Verkäufe, die an Waffenhändler erfolgen, keine Anwendung, KG. 3. Dezember 1906 Jhrb. 33C S. 85. Durch PV. kann den Waffenhändlern eine Buchführung über den Waffenverkauf vorgeschrieben werden zugleich mit der Verpflichtung, das Buch der Polizeibehörde auf Verlangen jederzeit vorzulegen, KG. 1. Februar 1904 DJZ. 05 S. 461, 12. April 1906 Jhrb. 32C S. 60.

XI. Die Befugnis zum Handel mit Giften kann durch PV. von polizeilicher Genehmigung abhängig gemacht werden, KG. 1. Oktober 1894 Jhrb. 16 S. 467, 10. Januar 1910 Recht 1910, S. 709. Ebenso können durch PV. für die Aufbewahrung von Giften und den für den Handel freigegebenen Arzneimitteln bestimmte Maßregeln vorgeschrieben werden, KG. 30. April 1894 GA. 42 S. 280, 24. November 1898 GA. 46 S. 356. Die Min. PV. v. 22. Februar 1906, wonach Gift nur an solche Personen abgegeben werden darf, welche als zuverlässig bekannt sind und das Gift zu erlaubten Zwecken benutzen wollen, und wonach beim Mangel sicherer Kenntnis dieser Voraussetzungen Gift nur gegen Erlaubnisschein abgegeben werden darf, ist rechtsgültig, OVG. 11. April 1910 Entsch. 57 S. 421; vgl. auch KG. 28. Juni 1909 Recht 1910 S. 517.

XII. Zulässig ist eine PV., welche vorschreibt, daß Mineralwasserapparate regelmäßig in gewissen Zeitabschnitten in sachgemäßer Weise auf ihre gute Verzinnung und ihre Zuverlässigkeit geprüft werden, KG. 13. Juli 1903 Jhrb. 26C S. 7, ebenso eine PV., welche die regelmäßige Reinigung der Bierdruckapparate den Gast- und Schankwirten aufgibt, auch die Führung von Kontrollbüchern anordnet, KG. 19. Juni 1902 Jhrb. 24C S. 73. Nach dem Ges. v. 8. Juli 1905 (GS. S. 317) kann auch bei diesen und den im Gesetz bezeichneten sonstigen überwachungsbedürftigen Anlagen den Besitzern die Verpflichtung auferlegt werden, die zur Prüfung nötigen Arbeitskräfte und Vorrichtungen bereitzustellen und die Kosten der Prüfungen zu tragen. Vgl. auch den Entwurf einer Normal-PV. betr. Einrichtung und Betrieb von Bierdruckvorrichtungen MBl. 1909 S. 95 und 1910 S. 240.

XIII. Für rechtsgültig sind ferner erachtet:

eine PV., welche das Betreten des Eises erst nach erfolgter Bekanntmachung der Haltbarkeit gestattet, KG. 30. Oktober 1902 Jhrb. 25C S. 28;

eine PV., welche das Anbringen und die Beibehaltung von Ofenverschlußvorrichtungen (Ofenklappen) verbietet, RG. 19. April 1881 Straff. 4 S. 106, OVG. 5. Dezember 1881 Entsch. 8 S. 327.

g) Fürsorge gegen Feuersgefahr bei Bauausführungen, sowie gegen gemeinschädliche und gemeingefährliche Handlungen, Unternehmungen und Ereignisse überhaupt,[10]

V. v. 20. September 1867 § 6g u. Lauenb. Ges. § 7g mit der Abweichung, daß hinter dem Worte „Feuersgefahr" die Worte eingeschoben sind „und sonstige Unsicherheit".

10. I. Die Handhabung der Baupolizei beschränkt sich keineswegs auf die Wahrnehmung bautechnischer Anforderungen, sondern sie hat dafür zu sorgen, daß in keiner Hinsicht durch den Zustand der Gebäude die öffentliche Ordnung gefährdet oder Gefahren hervorgerufen werden (vgl. unter lit. b u. f), OVG. 14. Dezember 1899 und 16. Mai 1902 Entsch. 36 S. 403, 41 S. 432, Vfg. v. 14. Dezember 1905 (MBl. S. 212). Hinsichtlich der Zulässigkeit von Polizeiverordnungen, nach denen da, wo Baufluchtlinien nicht bestehen, Gebäude, und zwar auch innerhalb der Städte und ländlichen Ortschaften, nur in gewisser Entfernung von dem Rande öffentlicher Wege gebaut werden dürfen vgl. unter lit. b und OVG. 2. Mai und 6. Juni 1894 Entsch. 26 S. 338 u. 346, hinsichtlich des Verbots von Ofenklappen vgl. unter lit. f. Eine PV. kann die Anlage und das Abbrennen von Feldziegelöfen, um Feuersgefahr, Verkehrsbelästigungen und Gesundheitsgefahren für die Umwohner zu verhüten, Beschränkungen unterwerfen und insbesondere vorschreiben, daß es für diejenigen Feldziegelöfen, welche näher als 100 m von Gebäuden oder öffentlichen Wegen und Straßen errichtet werden sollen, polizeilicher Erlaubnis bedarf, OVG.

1. Juni 1910 VerwBl. 32 S. 549. Gültig ist eine PV., wonach im Einzelfall für die Errichtung eines Blitzableiters polizeiliche Erlaubnis erforderlich ist, dagegen hat eine Bestimmung, wonach nicht geprüfte und mit einer Genehmigung der Regierung nicht versehene Personen Blitzableiter nicht aufstellen dürfen, ihre Geltung durch die Bestimmungen der Gew.O. verloren, KG. 25. Februar 1895 Jhrb. 16 S. 351.

II. Neben den im StGB. enthaltenen feuerpolizeilichen Bestimmungen ist gültig eine PV., welche bestimmte Fristen für die Reinigung der Schornsteine vorschreibt, weil die Materie durch § 368 Nr. 4 StGB. nicht erschöpfend geregelt ist, KG. 8. Januar 1894 Jhrb. 15 S. 284. Den Hausbesitzern kann auch durch PV. die Verpflichtung auferlegt werden, ihre Schornsteine allein durch den Bezirksschornsteinfeger reinigen zu lassen, KG. 10. Oktober 1908 Recht 08 S. 863. Die Polizei kann ferner den Schornsteinfegern die Führung von Fegeregistern vorschreiben, und zwar auch in solchen Gemeinden, in denen Kehrbezirke bestehen KG. 18. November 1907 Recht 08 S. 91. Gültig ist eine PV., welche die Bezirksschornsteinfeger wegen Nichtanzeige der ihnen bekannt gewordenen Schäden eines Schornsteins mit Strafe bedroht, KG. 4. Juni 1908 DJZ. 08 S. 1037. Zulässig ist eine PV., welche außer den im § 368 Nr. 5 StGB. bestimmten Fällen das Tabakrauchen in der Nähe von Wohngebäuden, welche mit Stroh oder Schindeln gedeckt sind, unbedingt verbietet, KG. 16. November 1891 Jhrb. 12 S. 181, denn unter den nach § 368 Nr. 8 StGB. neben den Vorschriften des StGB. zugelassenen „anderen feuerpolizeilichen Anordnungen" sind nicht spezielle Anweisungen, sondern allgemeine Verordnungen und auch solche, welche bereits vor dem Inkrafttreten des StGB. in Geltung waren, zu verstehen, KG. 8. Oktober 1894 Jhrb. 16 S. 384. Neben § 368 Nr. 5 StGB. ist auch die Bestimmung einer PV., wonach bei besonders feuergefährlichen Verrichtungen, wie Dreschen usw. nur der Gebrauch einer wohl verschlossenen Laterne von feuerfestem Material gestattet ist, noch in Geltung, KG. 8. Oktober 1894 GA. 42 S. 281. Vgl. ferner über den Fortbestand einer PV., welche jede Flachsarbeit bei Licht oder Laterne verbietet, OTr. 5. Oktober 1870 GA. 19 S. 71. Die Aufbewahrung feuergefährlicher Stoffe über ein gewisses Mengenmaß hinaus kann verboten oder an besondere Bedingungen geknüpft werden, vgl. Normal-PV. betr. den Verkehr mit Mineralölen MBl. 05 S. 97, 07 S. 29, auch Entwurf einer PV. betr. die Herstellung, Aufbewahrung und Verwendung von Acetylen sowie die Lagerung von Karbid v. 8. Juni 1905 MBl. S. 101.

III. Was das Feuerlöschwesen angeht, so konnte nach früherem Recht eine Pflichtfeuerwehr durch PV. nicht errichtet werden, KG. 1. Juli 1898 Jhrb. 19 S. 351, wohl aber, wenn die Errichtung durch Ortsstatut erfolgt war, die Nichtbefolgung der in diesem Ortsstatut getroffenen Anordnungen durch PV. unter Strafe gestellt werden, KG. 23. Mai 1901 Jhrb. 22C S. 87, 19. Dezember 1901 GA. 49 S. 327. Jetzt ist maßgebend das Ges. vom 21. Dezember 1904 (GS. S. 291), welches lautet:

„Soweit das Feuerlöschwesen nicht durch Ortsstatut geregelt ist, können Polizeiverordnungen über die Verpflichtung der Einwohner zur persönlichen Hilfeleistung bei Bränden, insbesondere zum Eintritt in eine Pflichtfeuerwehr, über die Regelung der hiermit verbundenen persönlichen Dienstpflichten, über die Gestellung der erforderlichen Gespanne und über die Verpflichtung zur Hilfeleistung bei Bränden in der Umgegend, erlassen worden.

Solche Polizeiverordnungen gehören im Sinne des § 143 LVG. nicht zum Gebiete der Sicherheitspolizei.

Sie treten außer Kraft, soweit das Feuerlöschwesen durch ein Ortsstatut geregelt wird.

Das Ortsstatut ist an die Bestimmungen des § 68 des Kommunalabgabengesetzes vom 14. Juli 1893 (GS. S. 152) nicht gebunden."

Vgl. hierzu Ausf.Anw. v. 24. Dezember 1904 (MBl. 05 S. 45) und Vfg. v. 7. März 1905 (MBl. S. 43).

Das Gesetz hat keine rückwirkende Kraft derart, daß es ältere Polizeiverordnungen für gültig erklärte, die nach bisherigem Recht ungültig waren, KG. 16. März 1905 Jhrb. 29C S. 95, 17. September 1906 Jhrb. 33C S. 90. Es handelt zwar in seiner Überschrift nur von der Befugnis der Polizeibehörde zum Erlasse von Polizeiverordnungen über die Verpflichtung zur Hilfeleistung bei Bränden, aus seinem Text ergibt sich jedoch, daß es auch die Vorbereitungen zur Hilfeleistung bei Bränden hat treffen wollen; deshalb können Polizeiverordnungen auch die Beteiligung an den Feuerwehrübungen regeln und diese Regelung auch auf Übungen außerhalb des Ortes erstrecken, KG. 20. März 1911 Recht 1911 S. 341; vgl. auch KG. 24. Mai 1909 Recht 09 S. 717. Fehlen oder Verspätung beim Brande ist nur strafbar, wenn es ohne hinreichenden Grund geschieht, also verschuldet ist; ein Ortsstatut, welches bestimmt, daß Entschuldigungen wegen Fehlens oder Verspätung binnen drei Tagen anzumelden sind, sowie eine PV., welche jede Nichtbefolgung der Vorschriften des Ortsstatuts mit Strafe bedroht, ist insoweit rechtsungültig, KG. 6. April 1911 Recht 1911 S. 382.

Gültig ist eine PV., welche auf Grund einer entsprechenden ortsstatutarischen Vorschrift dem Vermieter bei Strafe verbietet, seinem Mieter das erforderliche Trink- und Gebrauchswasser aus einer öffentlichen Gemeindewasserleitung zu versagen, KG. 4. Dezember 1905 Jhrb. 31C S. 50.

IV. Über Polizeiverordnungen zur Verhütung von Hochwassergefahren vgl. Ges., betr. Maßnahmen zur Verhütung von Hochwassergefahren in der Provinz Schlesien, vom 3. Juli 1900 (GS. S. 171); Ges. betr. Maßnahmen zur Verhütung von Hochwassergefahren in der Provinz Brandenburg und im Havelgebiet der Provinz Sachsen, am 4. August 1904 (GS. S. 197); VO., betr. Ausdehnung des schlesischen Hochwasserschutzgesetzes vom 3. Juli 1900 auf die Spree in der Provinz Sachsen, vom 16. September 1904 (GS. S. 251); ferner Ges. z. Verhütung von Hochwassergefahren vom 16. August 1905 (GS. S. 342).

h) Schutz der Felder, Wiesen, Weiden, Wälder, Baumpflanzungen, Weinberge usw;[11]

V. v. 20. September 1867 § 6h u. Lauenb. Ges. § 7h übereinstimmend.

11. Die durch lit. h begründete Befugnis der Polizeibehörde ist durch das Feld- und Forstpolizeigesetz vom 1. April 1880 (GS. S. 230) grundsätzlich unberührt geblieben und nur insoweit eingeschränkt als das Gesetz einzelne auf den Schutz der Felder usw. ab-

zielende Maßnahmen abschließend geregelt hat, OVG. 18. Mai 1901 Entsch. 39 S. 278; soweit letzteres der Fall ist, ist das Polizeiverordnungsrecht ausgeschlossen, es sind deshalb ältere Polizeiverordnungen, welche das Betreten der Forsten außerhalb erlaubter Wege mit Strafe bedrohen, durch das Feld- und Forstpolizeiges. aufgehoben, KG. 5. Juni 1882 Jhrb. 3 S. 358, 6. Juli 1905 Recht 07 S. 77; vgl. ferner KG. 12. Oktober 1893 Jhrb. 14 S. 333 und unten S. 166. In den §§ 11, 13, 34, 40, 41, 43, 94 verweist das Feld- und Forstpolizeigesetz ausdrücklich auf die Regelung durch PV. Auf Zuwiderhandlungen gegen die im Interesse des Feld- und Forstschutzes erlassenen Polizeiverordnungen findet das im Feld- und Forstpolizeiges. vorgeschriebene Verfahren Anwendung (§ 60 a. a. O.). Das unbefugte Sammeln von Kräutern, Beeren und Pilzen unterliegt nach § 1 Abs. 2 des Gesetzes betr. den Forstdiebstahl vom 15. April 1878 (GS. S. 222) forstpolizeilichen Bestimmungen; vgl. RG. 21. April 1903 GA. 50 S. 278. Wenn auch das Berggesetz das Schürfen auf fremdem Grund und Boden ohne Erlaubnis des Eigentümers, abgesehen von § 4, nicht mit Strafe bedroht, so sind doch hierdurch forstpolizeiliche Verordnungen, welche das Schürfen im Walde zum Schutz der Waldungen verbieten, nicht berührt, OTr. 21. September 1875 GA. 23 S. 638. Durch PV. kann die Ausübung einer Forstservitut in der Weise beschränkt werden, daß durch sie die Bestimmung des belasteten Grundstücks nicht behindert wird, OTr. 21. Juni 1862 OR. 2 S. 477. Das Jagen mit Bracken kann verboten werden, wenn ein solches Verbot für die öffentliche Sicherheit und für die Schonung der Felder erforderlich ist, OTr. 23. Juni 1870 OR. 11 S. 375, vgl. § 15. Gültig ist eine PV., welche das Umherlaufen von Hunden in öffentlichen Anlagen verbietet, KG. 3. Dezember 1908 Recht 09 S 116, 22. Dezember 1910 Recht 1911 S. 141.

Zulässig sind Polizeiverordnungen, welche die zur Beschaffung der Vorflut notwendige Räumungspflicht der Adjazenten von Gräben und Privatflüssen in Ergänzung der gesetzlichen Bestimmungen regeln; unzulässig dagegen ist es, weil zur Wohlfahrtspolizei gehörig, eine Verbesserung der Schiff- oder Flößbarkeit von Wasserläufen durch PV. zu erstreben, KG. 5. Mai 1902 GA. 51 S. 65, 1. März 1909 Recht 09 S. 334, OVG. 10. Oktober 1904 Entsch. 46 S. 318. Auf Grund der §§ 73 und 25 der Feldpolizeiordnung vom 1. November 1847 können durch PV. Schaukommissionen mit eigener polizeilicher Amtsgewalt gebildet werden, OVG. 28. Februar 1895 Entsch. 27 S. 278, 30. November 1908 Entsch. 53 S. 321, 27. Oktober 1909 Entsch. 55 S. 329.

Über die Gültigkeit einer PV. betr. Schließung der Weinberge vgl. KG. 6. Juli 1893 Jhrb. 14 S. 344, vgl. auch § 368 Nr. 1 StGB. Es gilt auch für Felder und Weinberge der Satz, daß die Polizei zum Schutze des Privateigentums in der Regel nur insoweit einzugreifen hat, als Beeinträchtigungen durch strafbare Handlungen in Frage kommen; eine PV., welche ganz allgemein von den Unterliegern die Unterhaltung der Weinbergswege fordert, entbehrt jedenfalls, insoweit sie sich auf Privatwege bezieht, der Rechtsgültigkeit, OVG. 4. November 1897 Entsch. 32 S. 425, vgl. auch unter lit. a.

Eine ergänzende Vorschrift enthält § 366a StGB., welcher lautet:

„Wer die zum Schutze der Dünen und der Fluß- und Meeresufer, sowie der auf denselben vorhandenen Anpflanzungen und Anlagen erlassenen Polizeiverordnungen übertritt, wird mit Geldstrafe bis zu einhundertfünfzig Mark oder mit Haft bestraft."

Die im öffentlichen Interesse zum Schutz der Flußufer erlassenen Polizeiverordnungen sind auch dann rechtsgültig, wenn sie in etwaige durch Provinzialgesetze verliehene Privatrechte z. B. hinsichtlich des Angelns eingreifen, KG. 22. Dezember 1890 Jhrb. 11 S. 191, 7. Juli 1910 Jhrb. 39 C S. 51. Rechtsgültig ist nach § 366a eine PV., durch welche die Entnahme von Steinen, Sand, Kies usw. von den Buhnen und seewärts von denselben belegenem Strande nur mit schriftlicher Erlaubnis des zuständigen Wasserbauinspektors gestattet, KG. 18. Januar 1892 Jhrb. 12 S. 228; auf das Eigentum am Strande kommt es dabei nicht an. Vgl. über die Zulässigkeit eines Verbots auf einem zu beiden Seiten eines Wasserlaufs freizulassenden Streifen Gegenstände zu lagern, zu bauen, zu graben usw., OTr. 8. März 1866 OR. 7 S. 166.

Der Schutz der Anlandungen, und zwar sowohl der natürlichen wie der durch Regulierungswerke künstlich hervorgerufenen, hat durch das Gesetz vom 20. August 1883 (GS. S. 333) nicht in einer abschließenden und weitergehende im allgemeinen Interesse erlassene Polizeiverordnungen ausschließenden Weise geregelt werden sollen; es kann deshalb das Betreten der Anlandungen durch eine PV. rechtsgültig verboten werden, KG. 22. April 1901 Jhrb. 22 C S. 48.

Das Polizeiverordnungsrecht erstreckt sich nicht auf den Schutz unaufgeschlossener Mineralien, KG. 13. Juni 1901 Jhrb. 22 C S. 8.

Den Schutz gemeinnütziger Quellen regelt das Quellenschutzgesetz v. 14. Mai 1908 (GS. S. 105), welches für den Umfang der Monarchie mit Ausnahme des vormaligen Herzogtums Nassau gilt, wo die Nassauische V. v. 7. Juli 1860 in Geltung geblieben ist. Im Geltungsbereich des Gesetzes sind die vor seinem Inkrafttreten zum Zwecke des Quellenschutzes erlassenen Polizeiverordnungen als beseitigt anzusehen, da das Gesetz diese Materie erschöpfend regelt.

i) alles andere, was im besonderen Interesse der Gemeinden und ihrer Angehörigen polizeilich geordnet werden muß.[12]

V. v. 20. September 1867 § 6i u. Lauenb. Ges. § 7i übereinstimmend.

12. Durch die Klausel i soll dem polizeilichen Verordnungsrechte keineswegs ein ganz neues Gebiet erschlossen und den Polizeibehörden nicht die Ermächtigung erteilt werden, ohne Rücksicht auf die ihrem Verordnungsrechte durch § 10 ALR. II 17 und § 6 unter a—h gezogenen Grenzen auf das weite Gebiet der staatlichen Gesetzgebung hinüberzugreifen, sondern es hat den Polizeibehörden nur die Möglichkeit gewährt werden sollen, innerhalb des durch die Bestimmungen unter a—h und des § 10 ALR. II 17 begrenzten Gebiets polizeiliche Vorschriften ähnlicher Art zu erlassen, welche im besonderen Interesse ihrer Gemeinden geboten erscheinen

KG. 30. November 1899 Jhrb. 19 S. 230, 4. Februar 1901 Jhrb. 21 C S. 58, 17. Mai 1909 Jhrb. 38 C S. 12, OTr. 8. Mai 1865 OR. 6 S. 91, RG. 7. November 1899 Straff. 32 S. 341; vgl. auch KG. 12 u. 15. Februar 1894 GA. 41 S. 446, 15. Oktober 1894 GA. 42 S. 274, 24. September 1896 Jhrb. 18 S. 351, 3. Juli 1902 GA. 51 S. 65, OVG. 13. Mai 1901 Entsch. 39 S. 278, 10. Oktober 1904 Entsch. 46 S. 318. Für gültig ist deshalb eine PV. erachtet worden, welche für einen Bade- und Kurort vorschreibt, daß Teppiche usw. in Höfen und Gärten nur in der Zeit von 8—12 Uhr vormittags ausgeklopft werden dürfen, weil es im besonderen Interesse einer solchen Stadt und ihrer Angehörigen liege, die Kranken vor gesundheitsschädlichen Belästigungen zu sichern und dadurch den Fremdenverkehr zu heben, und weil die Grundlage dieses Interesses ein den in lit. a und f aufgeführten Gegenständen ähnlicher Gegenstand sei, KG. 18. April 1904 Jhrb. 27 C S. 67; dagegen gilt nicht das gleiche, wenn es sich um eine Großstadt handelt, in der die durch Teppichklopfen verursachte Staubentwicklung und Störung im Verhältnis zu den durch den sonstigen Verkehr und die industriellen Unternehmungen hervorgerufenen Übelstände eine nur untergeordnete Rolle spielen, KG. 17. September 1906 DJZ. 07 S. 133, 19. September 1907 Jhrb. 34 C S. 53, 15. März 1909 Recht 09 S. 334. Gültig ist auch eine PV. für einen Kurort, daß die Beheizung der Backöfen mit solchem Brennmaterial, welches außerhalb der Heizstätte wahrnehmbaren Rauch verursacht, in der Kursaison nur zwischen 9 Uhr abends und 6 Uhr morgens geschehen darf, KG. 30. März 1896 DJZ. 96 S. 342; sowie eine PV., welche im gesundheitlichen Interesse der Kurgäste das mit großem Lärm verbundene Schwemmen der Pferde in einem den Kuranlagen benachbarten Teiche verbietet, KG. 16. Januar 1911 Recht 1911 S. 141; ebenso ein Rauchverbot in einzelnen Teilen eines Kurorts, der von hals- und lungenkranken Personen besucht wird, KG. 28. November 1907 Recht 08 S. 172; sowie eine PV., welche für einen Kurort zwecks Abwendung gesundheitsschädlicher Umstände für Grundstückseinfriedigungen ein bestimmtes Höchstmaß vorschreibt, OVG. 8. Oktober 1910 VerwBl. 32 S. 634. Dagegen ist ungültig eine PV., welche zum Zweck der Führung eines Fremdenverzeichnisses und der Herausgabe der Kurliste den Hauseigentümern in einem Badeort Anmeldung und Auskunfterteilung hinsichtlich der bei ihnen wohnenden Kurgäste gegenüber der Badeverwaltung vorschreibt, KG. 27. März 1911 Recht 1911 S. 453. Die Frage, ob sich eine PV. innerhalb der in lit. i vorgeschriebenen Grenzen bewegt, fällt in keiner Weise mit der in § 17 von der richterlichen Entscheidung ausgeschlossenen Frage der Notwendigkeit oder Zweckmäßigkeit zusammen, OTr. 8. November 1864 OR. 5 S. 237. Aus der Bestimmung der lit. i ist nicht im Gegensatz zu dem sonstigen Inhalt des § 6 der Rechtssatz zu entnehmen, die Funktionen der Ortspolizei gingen da überall auf die Landespolizei über, wo ein polizeiwidriges Unternehmen geeignet ist, über die Grenzen einer Gemeinde hinaus zu wirken, OVG. 14. Dezember 1899 Entsch. 36 S. 403.

Für Erfüllung der Gemeindeleistungen zu sorgen, Finanz- und Steuerangelegenheiten zu regeln, gehört nicht zu den Befugnissen der Polizei. Es sind deshalb Polizeiverordnungen, welche die Nichtentrichtung von Steuern, die Nichtleistung von Hand- und Spanndiensten zum Wegebau mit Strafe bedrohen, ungültig, KG. 5. April 1900 Jhrb. 20C S. 68, 30. Dezember 1901 Jhrb. 23C S. 96, 22. Juni 1899 DJZ. 00 S. 75, 23. November 1899 Jhrb. 19 S. 273. Nur in Fällen, wo die Dienste ihrer Natur nach durch Dritte nicht geleistet werden können und eine nachträgliche Beitreibung ihres Geldwertes zwecklos wäre, wie bei Diensten der Feuerwehr, kann die Nichtleistung durch PV. mit Strafe bedroht werden, KG. 30. Dezember 1901 Jhrb. 23C S. 96, vgl. auch lit. g. Ungültig ist eine PV., welche nicht eine polizeiliche Maßregel, sondern die Einführung einer kommunalen Luxussteuer bezweckt oder beides in untrennbare Verbindung bringt — z. B. das Erscheinen maskierter Personen, die nicht im Besitz einer gegen 50 Pfg. zu lösenden Legitimationskarte sind, auf öffentlichen Straßen verbietet — KG. 11. Oktober 1897 Jhrb. 18 S. 275, 11. November 1901 Jhrb. 23C S. 19, ebenso eine PV., welche die Übertretung der Vorschriften einer Biersteuerordnung mit Strafe bedroht, KG. 5. April 1900 DJZ. 00 S. 463, ferner eine PV., welche das Anhängen der Hundesteuermarke vorschreibt, weil sie nur den Zweck verfolgt, der Einziehung der Hundesteuer als Kontrolle zu dienen, KG. 3. Juli 1902 GA. 51 S. 65. Ungültig ist eine PV., welche, „um den vielfach wahrgenommenen Unordnungen beim Backen abzuhelfen", über die Reihenfolge, Zeit und Dauer des Backens in den Gemeindebackhäusern Bestimmungen trifft, KG. 22. Juni 1896 GA. 44 S. 426. Das gleiche gilt für eine PV., welche die Verpflichtung von Gemeindeangehörigen zur Benutzung einer Gemeindeanstalt festsetzt, wenn nicht durch ein gültiges Ortsstatut die Gemeindeanstalt verpflichtet ist, den Gemeindeangehörigen die betreffende Tätigkeit zu leisten, KG. 28. Januar 1901 Jhrb. 21 C S. 65. Zulässig sind Polizeiverordnungen, welche das Almosengeben an nicht ortsangehörige Bettler verbieten, KG. 5. Juli 1888 Jhrb. 8. S. 232, 10. November 1898 DJZ. 98 S. 134.

§ 7. Zu Verordnungen über Gegenstände der landwirtschaftlichen Polizei[1] ist die Zustimmung der Gemeindevertretung erforderlich.[2] Die Beratung erfolgt unter dem Vorsitze des mit der örtlichen Polizeiverwaltung beauftragten Beamten.

V. v. 20. September 1867 § 7. Zu Verordnungen über Gegenstände der landwirtschaftlichen Polizei ist die Zustimmung der Gemeindevertretung, wo aber eine Gemeindevertretung zurzeit nicht besteht, die der Gemeindeversammlung, und für diejenigen Fälle, in welchen es nach § 5 der Zuziehung der Amtsvertretung bedarf, deren Zustimmung erforderlich.

Lauenb. Ges. § 8 wie V. v. 20. September 1867 § 7 jedoch unter Fortlassung des Satzteiles „und für diejenigen Fälle" bis „Zustimmung".

1. Unter Verordnungen über Gegenstände der landwirtschaftlichen Polizei sind solche zu verstehen, welche aus Rücksichten des Schutzes und der Förderung des landwirtschaftlichen Betriebs entspringen, KG. 31. März 1898 GA. 46 S. 149, vgl. auch OTr. 6. Juni 1863 OR. 3 S. 487

2. Für die östlichen Provinzen und Schleswig-Holstein ist § 7 geändert, da der Amtsvorsteher zum Erlaß von Polizeiverordnungen stets der Zustimmung des Amtsausschusses bedarf (vgl. § 5 A. 2), KG. 29. Mai 1902 Jhrb. 24 C S. 106. In den Städten ist nach § 143 LVG. (vgl. Zusatz zu § 5) abgesehen von dem Gebiete der Sicherheitspolizei stets die Zustimmung des Gemeindevorstandes erforderlich, diese muß also, wenn ein Fall des § 7 vorliegt, zu der Zustimmung der Gemeindevertretung hinzukommen.

§ 8. Von jeder ortspolizeilichen Verordnung ist sofort eine Abschrift an die zunächst vorgesetzte Staatsbehörde einzureichen.[1]

V. v. 20. September 1867 § 8 übereinstimmend; Lauenb. Ges. § 9 mit der Abweichung, daß statt der Worte „die zunächst vorgesetzte Staatsbehörde" gesagt ist „die Regierung".

Der Vorschrift ist genügt, wenn eine ortspolizeiliche Verordnung der zunächst vorgesetzten Behörde eingereicht ist, einerlei zu welchem Zwecke diese Einreichung erfolgte. Die Gerichte haben die Beobachtung der Vorschrift nicht zu prüfen, OTr. 19. September 1866 OR. 7 S. 490.

§ 9. Der Regierungspräsident ist befugt, jede ortspolizeiliche Vorschrift durch einen förmlichen Beschluß unter Angabe der Gründe außer Kraft zu setzen.[1]

Dem Beschlusse muß, mit Ausnahme dringender Fälle, eine Beratung mit dem Bezirksrate[2] vorhergehen. Die Erklärung des letzteren ist entscheidend:

1. wenn eine ortspolizeiliche Vorschrift außer Kraft gesetzt werden soll, weil sie das Gemeinwohl verletzt;
2. wenn es sich darum handelt, eine Verordnung über Gegenstände der landwirtschaftlichen Polizei wegen ihrer Unzweckmäßigkeit aufzuheben.

V. v. 20. September 1867 § 9 wie § 9 Abs. 1 des Gesetzes vom 11. März 1850 jedoch lautet der Anfang statt „Der Regierungspräsident" „Die Bezirksregierung"; Lauenb. Ges. § 10 ebenso, jedoch statt „Bezirksregierung" „Regierung".

Zusatz. LVG. § 145 Abs. 1:

Die Befugnis, orts- oder kreispolizeiliche Vorschriften außer Kraft zu setzen, steht dem Regierungspräsidenten zu. Mit Ausnahme von Fällen, welche keinen Aufschub zulassen, darf diese Befugnis nur unter Zustimmung des Bezirksausschusses ausgeübt werden.

1. Eine Klage mit dem Antrage, eine PV. für ungültig zu erklären, ist weder vor den ordentlichen Gerichten noch im Verwaltungsstreitverfahren möglich, OVG. 11. Februar 1904 VerwBl. 25 S. 813.

Die Beseitigung der von einer höheren Behörde erlassenen Polizeiverordnungen seitens einer ihr nachgeordneten Behörde kann nur in denjenigen Fällen erfolgen, in denen ein später erlassenes Reichs- oder Landesgesetz bestimmte Behörden zum Erlaß polizeilicher Bestimmungen ermächtigt, woraufhin diese kraft der durch Gesetz erfolgten Delegation auch befugt sind, ältere seitens einer höheren Behörde erlassene Polizeiverordnungen abzuändern. Dagegen ist die höhere Polizeibehörde gesetzlich nicht in der Lage die Befugnis zur Abänderung einer von ihr erlassenen PV. auf die nachgeordnete Polizeibehörde zu übertragen. Die Bestimmung einer Baupolizeiordnung für Städte, wonach diese Baupolizeiordnung durch Ortspolizeiverordnung, wenn auch mit Zustimmung der Regierung, für den Umfang einzelner oder mehrerer Landgemeinden eingeführt werden kann, womit also die ländliche Baupolizeiordnung für die betreffenden Gemeinden außer Kraft gesetzt werden soll, ist ungültig, OVG. 12. Dezember 1893 Entsch. 26 S. 380. Über Ergänzung der Polizeiverordnungen einer höheren Instanz durch Unterbehörden vgl. § 15.

2. Vgl. § 13 A. 1.

§ 10. Die Bestimmungen der §§ 8 und 9 finden auch auf die Abänderung oder Aufhebung ortspolizeilicher Vorschriften Anwendung.

V. v. 20. September 1867 § 10 u. Lauenb. Ges. § 11 übereinstimmend, nur lauten in ersterer die Eingangsworte „Die Bestimmung findet", in letzterem „Diese Bestimmung findet".

Vorbemerkung zu §§ 11—14.

Für das nichtlokalpolizeiliche Verordnungsrecht sind jetzt in erster Linie maßgebend §§ 136—142 LVG., welche wie folgt lauten:

§ 136. Soweit die Gesetze ausdrücklich auf den Erlaß besonderer polizeilicher Vorschriften (Verordnungen, Anordnungen, Reglements usw.) durch die Zentralbehörden verweisen, sind die Minister befugt, innerhalb ihres Ressorts dergleichen Vorschriften für den ganzen Umfang der Monarchie oder für einzelne Teile derselben zu erlassen und gegen die Nichtbefolgung dieser Vorschriften Geldstrafen bis zum Betrage von 100 M. anzudrohen.

Die gleiche Befugnis steht zu:

1. dem Minister der öffentlichen Arbeiten in betreff der Übertretungen der Vorschriften der Eisenbahnpolizeireglements;
2. dem Minister für Handel und Gewerbe in betreff der zur Regelung der Strom-, Schiffahrts- und Hafenpolizei zu erlassenden Vorschriften, sofern dieselben sich über das Gebiet einer einzelnen Provinz hinaus erstrecken sollen.

Zum Erlasse der im § 367 Nr. 5 Strafgesetzbuchs für

das Deutsche Reich gedachten Verordnungen sind auch die zuständigen Minister befugt.

§ 137. Der Oberpräsident ist befugt, gemäß §§ 6, 12 und 15 des Gesetzes über die Polizeiverwaltung vom 11. März 1850 (Gesetz-Samml. S. 265) beziehungsweise der §§ 6, 12 und 13 der Verordnung vom 20. September 1867 (Gesetz-Samml. S. 1529) und des Lauenburgischen Gesetzes vom 7. Januar 1870 (Offizielles Wochenblatt S. 13) für mehrere Kreise, sofern dieselben verschiedenen Regierungsbezirken angehören, für mehr als einen Regierungsbezirk oder für den Umfang der ganzen Provinz gültige Polizeivorschriften zu erlassen und gegen die Nichtbefolgung derselben Geldstrafen bis zum Betrage von 60 M. anzudrohen.

Die gleiche Befugnis steht dem Regierungspräsidenten für mehrere Kreise oder für den Umfang des ganzen Regierungsbezirks zu.

Die Befugnis der Regierung zum Erlasse von Polizeivorschriften wird aufgehoben.

§ 138. Die Befugnis, Polizeivorschriften über Gegenstände der Strom-, Schiffahrts- und Hafenpolizei zu erlassen, steht, vorbehaltlich der Bestimmungen des § 136 Absatz 2 Nr. 2, ausschließlich dem Regierungspräsidenten und, wenn die Vorschriften sich auf mehr als einen Regierungsbezirk oder auf die ganze Provinz erstrecken sollen, dem Oberpräsidenten, soweit aber mit der Verwaltung dieser Zweige der Polizei besondere, unmittelbar vor dem Minister für Handel und Gewerbe ressortierende Behörden beauftragt sind, den letzteren zu. Die Befugnis des Regierungspräsidenten erstreckt sich auch auf den Erlaß solcher Polizeivorschriften für einzelne Kreise oder Teile derselben.

Für Zuwiderhandlungen gegen diese Verordnungen können Geldstrafen bis zu 60 M. angedroht werden.

Bei den Vorschriften des Gesetzes vom 9. Mai 1853, betreffend die Erleichterung des Lotsenzwanges in den Häfen und Binnengewässern der Provinzen Preußen und Pommern (Gesetz-Samml. S. 216), behält es mit der Maßgabe sein Bewenden, daß an die Stelle der Bezirksregierung der Regierungspräsident tritt.

§ 139. Die gemäß §§ 137, 138 von dem Oberpräsidenten zu erlassenden Polizeivorschriften bedürfen der Zustimmung des Provinzialrats, die von dem Regierungspräsidenten zu erlassenden Polizeivorschriften der Zustimmung des Bezirksausschusses. In Fällen, welche keinen Aufschub zulassen, ist der Oberpräsident sowie der Regierungspräsident befugt, die Polizeivorschrift vor Einholung der Zustimmung des Provinzialrats beziehungsweise des Bezirksausschusses zu erlassen. Wird diese Zustimmung nicht innerhalb drei Monaten nach dem Tage der Publikation der Polizeivorschrift erteilt, so hat der Oberpräsident beziehungsweise der Regierungspräsident die Vorschrift außer Kraft zu setzen.

§ 140. Polizeivorschriften der in den §§ 136, 137 und 138 bezeichneten Art sind unter der Bezeichnung „Polizeiverordnung" und unter Bezugnahme auf die Bestimmungen des § 136 beziehungsweise der §§ 137 oder 138, sowie in den Fällen des § 137 auf die in demselben angezogenen gesetzlichen Bestimmungen durch die Amtsblätter derjenigen Bezirke bekannt zu machen, in welchen dieselben Geltung erlangen sollen.

§ 141. Ist in einer gemäß § 140 verkündeten Polizeiverordnung der Zeitpunkt bestimmt, mit welchem dieselbe in Kraft treten soll, so ist der Anfang ihrer Wirksamkeit nach dieser Bestimmung zu beurteilen, enthält aber die verkündete Polizeiverordnung eine solche Zeitbestimmung nicht, so beginnt die Wirksamkeit derselben mit dem achten Tage nach dem Ablaufe desjenigen Tages, an welchem das betreffende Stück des Amtsblatts, welches die Polizeiverordnung verkündet, ausgegeben worden ist.

§ 142. Der Landrat ist befugt, unter Zustimmung des Kreisausschusses nach Maßgabe der Vorschriften des Gesetzes über die Polizeiverwaltung vom 11. März 1850 beziehungsweise der Verordnung vom 20. September 1867 und des Lauernburgischen Gesetzes vom 7. Januar 1870 für mehrere Ortspolizeibezirke oder für den ganzen Umfang des Kreises gültige Polizeivorschriften zu erlassen und gegen die Nichtbefolgung derselben Geldstrafen bis zum Betrage von 30 M. anzudrohen.

I. Das Eisenbahnpolizeiverordnungsrecht steht zunächst gemäß Art. 42, 43 der Reichsverfassung dem Bundesrate zu, OHG. 2. Juni 1876 Entsch. 21 S. 20, OLG. Marienwerder 21. Mai 1895 GA. 43 S. 148, OLG. Hamburg 1. Oktober 1896 GA. 44 S. 420. Innerhalb der durch die reichsrechtlichen Vorschriften gezogenen Grenzen greift dann die Befugnis des Ministers der öffentlichen Arbeiten nach § 136 LVG. Platz. Endlich sind die Eisenbahnverwaltungen berechtigt gemäß § 77 der Eisenbahn-Bau- und Betriebsordnung v. 4. November 1904 (RGBl. S. 387) behufs Aufrechterhaltung der Ordnung innerhalb des Bahngebiets und im Bahnverkehr allgemeine Anordnungen zu treffen. Die Aufgabe der Bahnpolizei ist Sicherung des Betriebes; diese Aufgabe hat sie nicht nur den Bahnverwaltungen und Bahnbeamten gegenüber, sondern auch dem Publikum gegenüber, und zwar dem gesamten, auch dem die Bahn nicht benutzenden Publikum. An dieser Zuständigkeit der Bahnpolizei findet die Zuständigkeit der allgemeinen Polizeibehörden ihre Schranken, OTr. 7. April 1870 GA. 18 S. 518, OVG. 14. November 1900 VerwBl. 22 S. 266, 1. November 1910 DJZ. 1911 S. 822, vgl. auch RG. 26. April 1909 Straff.

42 S. 313; letztere sind aber befugt, Vorschriften zur Wahrung der allgemeinen polizeilichen Interessen, auch soweit sie sich mit bahnpolizeilichen berühren, zu erlassen, KG. 9. Dezember 1901 Jhrb. 23 C S. 21. Die Kleinbahnen nach dem Gesetz vom 28. Juli 1892 (GS. S. 225) und die Privatanschlußbahnen sind außer den Vorschriften des Kleinbahngesetzes den allgemeinen Befugnissen der Polizeibehörden unterworfen; zum Schutz der Personen und des Eigentums sowie im Interesse der Ordnung, Sicherheit und Leichtigkeit des Verkehrs können daher für den Betrieb von Kleinbahnen und Privatanschlußbahnen allgemeine Polizeiverordnungen erlassen werden, und zwar auch für eine bestimmte Bahn; jedoch kann die der gesetzlich normierten Aufsicht (§ 22 d. Ges.) entsprechenden Anordnungen nur der Regierungspräsident bzw. die Eisenbahnbehörde treffen, nicht die Ortspolizeibehörde, KG. 6. Februar 1902 Jhrb. 23 C S. 99, 26. Mai 1904 Jhrb. 27 C S. 57, 26. März 1906 Jhrb. 32 C S. 20, 22. Februar 1909 DJZ. 09 S. 438, 8. Juni 1909 Recht 09 S. 718, OVG. 18. Juni 1903 Entsch. 43 S. 390, 21. Dezember 1903 Entsch. 44 S. 402. Eine PV., die das Plakatwesen ganz allgemein regelt, findet daher auch auf Kleinbahnunternehmungen Anwendung, es sei denn, daß die Plakate, wie z. B. Fahrpläne und Tarife, einen Bestandteil des Unternehmens selbst bilden, OVG. 4. Mai 1906 Entsch. 49 S. 403. Als Eisenbahn-PV. ist insbesondere die Anordnung einer Eisenbahnverwaltung gültig, daß die Abortsanlagen auf dem Bahnhofe nur von dem reisenden Publikum benutzt werden dürfen, KG. 23. November 1899 Jhrb. 19 S. 353; unzulässig aber ist es, wenn die Eisenbahnverwaltung durch Vertrag mit einem Omnibus-Fuhrunternehmer die Beförderung der Bahnreisenden zwischen dem Bahnhofe der Endstation und einem anderen Orte einem Unternehmer zugewiesen hat, die Aufstellung der Omnibusse anderer Unternehmer auf dem Bahnhofsvorplatze zu verbieten, KG. 5. Januar 1903 Jhrb. 25 C S. 75. Auf den Bahnhofsbuchhandel außerhalb der Bahnsteigsperre finden die für den sonstigen Buchhandel geltenden Vorschriften über Sonntagsruhe und Sonntagsheiligung Anwendung; dagegen ist der Buchhandel innerhalb der Bahnsteigsperre als ein Teil des Gewerbebetriebes der Eisenbahnunternehmung zu be-

trachten und deshalb diesen Vorschriften nicht zu unterstellen Vfg. v. 25. Juli 1905 (MBl. S. 136).

II. Über das bergpolizeiliche Verordnungsrecht bestimmt § 197 des Allgem. Berggesetzes vom 24. Juni 1865 (GS. S. 705) in der Fassung der Novellen vom 24. Juni 1892 (GS. S. 131) und 14. Juli 1905 (GS. S. 307):

„Die Oberbergämter sind befugt, für den ganzen Umfang ihres Verwaltungsbezirkes oder für einzelne Teile desselben Polizeiverordnungen über die im § 196 bezeichneten Gegenstände zu erlassen. Sie sind verpflichtet zu prüfen, ob mit Rücksicht auf die den Gesundheitszustand der Arbeiter beeinflussenden Betriebsverhältnisse eine Festsetzung der Dauer, des Beginns und des Endes der täglichen Arbeitszeit geboten ist. Gegebenenfalls trifft das Oberbergamt nach Anhörung des Gesundheitsbeirats die hierzu erforderlichen Festsetzungen für den Oberbergamtsbezirk oder Teile desselben und erläſst die zur Durchführung erforderlichen Anordnungen. Aus besonderen Gründen können einzelne Bergwerke auf ihren Antrag durch das Oberbergamt von der Beobachtung dieser Vorschriften gänzlich oder teilweise, dauernd oder zeitweise entbunden werden.

Die Verkündigung dieser Verordnungen erfolgt durch das Amtsblatt der Regierungen, in deren Bezirk dieselben Gültigkeit erlangen sollen.

Der Gesundheitsbeirat wird für den Umfang des Oberbergamtsbezirkes gebildet und besteht aus dem Berghauptmann als Vorsitzenden und 4 Beisitzern, die zu gleichen Teilen aus der Zahl der Bergwerksbesitzer oder ihrer Stellvertreter und der Zahl der aus den Arbeitern gewählten Knappschaftsältesten zu entnehmen sind. Die Auswahl der Beisitzer erfolgt durch den Provinzialausschuſs derjenigen Provinz, in der sich der Sitz des Oberbergamts befindet. An den Verhandlungen des Gesundheitsbeirats nimmt ein vom Oberbergamt zu berufender Knappschaftsarzt mit beratender Stimme teil.

Vor dem Erlaß von Polizeiverordnungen, welche sich auf die Sicherheit des Lebens und der Gesundheit der Arbeiter und auf die Aufrechterhaltung der guten Sitten und des Anstandes im Betriebe beziehen, ist dem Vorstande der beteiligten Berufsgenossenschaft oder Berufsgenossenschaftssektion Gelegenheit zu einer gutachtlichen Äußerung zu geben. Auf diese finden die Bestimmungen des § 79 Absatz 1 des Unfallversicherungsgesetzes vom 6. Juli 1884 (RGBl. S. 69) Anwendung“.

Ferner bestimmt der durch Ges. v. 18. Juni 1907 (GS. S. 119) eingeschobene § 3a im Abs. 2:

„Der Schürfer kann durch PV. des Oberbergamts verpflichtet werden, der Bergbehörde von dem Beginn und von der Einstellung der Schürfarbeiten innerhalb einer bestimmten Frist Anzeige zu machen. Ferner kann durch PV. des Oberbergamts die Geltung der §§ 67 bis 70 und 72 bis 77 dieses Gesetzes mit den aus der Sachlage sich ergebenden Änderungen auf Schürfarbeiten ausgedehnt werden."

Die in § 196 bezeichneten Gegenstände sind die in der Einleitung S. 13, 14 als Gegenstände der bergpolizeilichen Aufsicht aufgeführten. Eine auf Grund dieser Bestimmung erlassene PV. braucht nicht mit ausdrücklichen Worten kundzugeben, daß vor ihrem Erlaß dem Vorstande der beteiligten Berufsgenossenschaft Gelegenheit zur Äußerung gegeben ist, RG. 26. Mai 1902 Strafs. 35 S. 262; abweichend KG. 30. Mai 1904 Jhrb. 28 C S. 3, 29. Juni 1908 Jhrb. 36 C S. 10; vgl. auch oben S. 65. Die Zuständigkeit der Oberbergämter zum Erlaß von Polizeiverordnungen ist eine ausschließliche. Ein von einem anderen Bergbeamten erlassenes Schlagwetterreglement wird durch die nachträgliche Genehmigung des Oberbergamts noch keine vom Oberbergamt erlassene PV., KG. 10. Mai 1894 Jhrb. 15 S. 211. Zuwiderhandlungen gegen Bergpolizeiverordnungen werden nach § 208 des Allg. Berggesetzes in der Fassung der Novelle mit Geldstrafe bis zu 300 M. und im Unvermögensfalle mit Haft bestraft. Über strafrechtliche Verantwortlichkeit bei Übertretung bergpolizeilicher Vorschriften vgl. KG. 9. Oktober 1905 Jhrb. 30 C S. 7. Ungültig ist eine Berg-PV., welche die genaue Angabe der Ansatzpunkte von Schürfarbeiten und die Namhaftmachung des Aufsichtspersonals vorschreibt, weil sie nur die Erleichterung der der Bergbehörde obliegenden Kontrolle bezweckt, KG. 2. April 1906 Recht 07 S. 470, vgl. oben S. 55.

III. Das strom-, hafen- und schiffahrtspolizeiliche Verordnungsrecht wird geregelt durch § 138 LVG. (vgl. oben S. 138). Über Regierungspräsidenten als besondere gemäß § 138 bestellte Behörden vgl. oben S. 14 und OVG. 24. Oktober 1887 Entsch. 15 S. 339, 4. April 1900 VerwBl. 21 S. 564; über die Zuständigkeit des Landrats in Hannover zum Erlaß strompolizeilicher Anordnungen vgl. OVG. 19. November 1898 Entsch. 34 S. 292. Die besonderen für Strom-, Schiffahrts- und Hafenpolizei unmittelbar unter dem Minister für Handel und Gewerbe fungierenden Behörden bedürfen für ihre auf Grund des § 138 LVG. ergehenden Polizeiverordnungen einer Mitwirkung von Organen der Selbstverwaltung nicht, KG. 7. Juli 1910 Jhrb. 39C S. 51. Ist mit der Verwaltung der Strompolizei eine solche besondere Behörde beauftragt, so ist nur diese und nicht die Landespolizeibehörde zu polizeilichen Anordnungen zuständig, die die Erhaltung des Stromes in einem dem öffentlichen Interesse entsprechenden Zustande, insbesondere den Schutz des Stromwassers gegen Verunreinigung, zum Gegenstande haben, OVG. 4. Dezember 1905 Entsch. 48 S. 268. Zum Erlaß von Polizeiverordnungen, welche das Verfahren zur Feststellung der Betriebssicherheit von Schiffen auf einem öffentlichen Flusse regeln, ist nicht die Ortspolizei, sondern nur die Strom- und Schiffahrtspolizei zuständig; das gilt auch für Badeschiffe und Badeanstalten, die auf einem Strom verankert sind, OVG. 10. Februar 1911 Entsch. 58 S. 343. Gültig ist eine PV., wonach auf Dampfschiffen den Anordnungen des Schiffsführers hinsichtlich Leitung, Erhaltung des Schiffes und Aufrechterhaltung der Ordnung ohne Widerspruch Folge zu leisten ist, KG. 30. April 1894 GA. 42 S. 318. Das Ges. betr. die Erleichterung des Lotsenzwanges in den Häfen und Binnengewässern der Provinzen Preußen und Pommern vom 9. Mai 1853 (GS. S. 216) läßt Geldstrafen bis zu 150 Mark oder Haft bis zu sechs Wochen zu für Zuwiderhandlungen gegen die die Verpflichtung der Schiffer, sich einer Begleitung durch Lotsen zu bedienen, normierenden Polizeiverordnungen. Über das Polizeiverordnungsrecht der Marinestationschefs in den Reichs-Kriegshafengebieten vgl. RGes. v. 19. Juni 1883 (RGBl. S. 105) § 3.

IV. Bezüglich der sachlichen Grenzen des polizeilichen Verordnungsrechts des Oberpräsidenten und Regierungspräsidenten ist auf die Anmerkungen zu §§ 6 und 12 zu verweisen. In allen Fällen, in denen ältere Gesetze den Bezirksregierungen das Polizeiverordnungsrecht beigelegt haben, haben nunmehr die Regierungspräsidenten dieses Recht auszuüben. Hinsichtlich der formellen Erfordernisse sind jetzt die Bestimmungen des LVG. maßgebend, und zwar für alle seit dem Inkrafttreten dieses Gesetzes publizierten Polizeiverordnungen KG. 24. November 1890 Jhrb. 11 S. 185 (dagegen soll nach KG. 5. März 1894 Jhrb. 15 S. 199 § 140 LVG. nicht auf diejenigen Polizeiverordnungen sich beziehen, welche bereits vor dem Inkrafttreten des Gesetzes nach den nötigen vorbereitenden Schritten durch Unterschrift zur Perfektion gelangt sind). Polizeiverordnungen, die gemäß § 139 LVG. vom Regierungspräsidenten ohne Zustimmung des Bezirksausschusses erlassen sind (oktroyierte Polizeiverordnungen), müssen in ihrem Eingange hervorheben, daß ein Fall vorliegt, welcher keinen Aufschub zuläßt und daß der Erlaß „vor Einholung der Zustimmung des Bezirksausschusses" erfolgt; die Fassung „unter Vorbehalt der Zustimmung des Bezirksausschusses" genügt nicht. Eine hiermit in Widerspruch stehende PV. ist ungültig; ihre Ungültigkeit wird auch nicht dadurch geheilt, daß eine später erfolgte Zustimmung des Bezirksausschusses zur öffentlichen Kenntnis gebracht wird, KG. 11. März 1901 Jhrb. 21 C S. 54, 10. Februar 1908 Recht 08 S. 517. Die Verkündung der nachträglichen Zustimmung des Provinzialrats oder Bezirksausschusses ist nicht vorgeschrieben und keine Bedingung ihrer fortdauernden Gültigkeit; die Notverordnung gilt so lange, bis sie durch den Oberpräsidenten oder Regierungspräsidenten außer Kraft gesetzt wird, KG. 25. April 1895 GA. 43 S. 79, 12. April 1906 Jhrb. 32 C S. 59, 8. Mai 1911 DJZ. 1911 S. 1157. Die Mitwirkung des Bezirksausschusses bezieht sich immer nur auf den Inhalt der PV., nicht auf deren Publikation und die Art der letzteren, diese liegt der Polizeibehörde allein ob, welche, wenn sie die Verkündung mangelhaft oder unrichtig findet, die Veröffentlichung für unverbindlich erklären kann, KG. 1. August 1895 GA. 43 S. 282. Die genaue Beobachtung der im § 140 LVG. vorgeschriebenen Förmlichkeiten, welche weder durch die Unterstellung einer irrtümlichen Bezeichnung noch durch die allgemeine Bezugnahme auf § 137 LVG. ersetzt werden können, ist Bedingung der Gültigkeit, KG. 17. April 1890 Jhrb. 10 S. 157, 5. März 1894 Jhrb. 15 S. 199. Es entbehrt deshalb eine Regierungs-PV., welche nicht auf die §§ 12 und 15, sondern nur auf die §§ 6 und 11 des Ges. v. 11. März 1850 Bezug nimmt, der formellen Rechtsgültigkeit, KG. 4. Oktober 1894 Jhrb. 16 S. 311, desgleichen eine Regierungs-PV., welche sich statt auf §§ 6, 12 und 15 nur auf §§ 11, 12 und 15 stützt, KG. 17. April 1890 Jhrb. 10 S. 157 (ebenso ist eine PV. des Oberpräsidenten, welche der Vorschrift der §§ 76, 77 der Provinzialordnung v. 29. Juni 1875 zuwider auf den § 15 des Ges. v. 11. März 1850 nicht Bezug nahm, für ungültig erklärt, KG. 23. März 1893 Jhrb. 14 S. 288, 7. März 1891 Jhrb. 12 S. 173). Daß die Publikation auch die Namensunterschrift des Regierungspräsidenten umfaßt, ist zur Gültigkeit nicht erforderlich, KG. 18. Juni 1891 Jhrb. 11 S. 189, 31. Juli 1891 GA. 39 S. 204. Hinsichtlich des Erfordernisses der Bezeichnung als PV. vgl. § 5 A. 12, über Gebietserweiterung des ursprünglichen Geltungsbereichs einer PV. § 5 A. 3. In Berlin fällt die Zustimmung des Provinzialrats zu Polizeiverordnungen des Oberpräsidenten fort, der Polizeipräsident bedarf in seiner Eigenschaft als Regierungspräsident der Zustimmung des Oberpräsidenten (§ 43 LVG.).

V. Das Gebiet des polizeilichen Verordnungsrechts des Landrats ist kein weiteres als das im § 6 bestimmte, OVG. 25. Juni 1901 Entsch. 39 S. 382. Die Art der Verkündigung und die Form, von deren Beobachtung die Gültigkeit abhängt, wird für kreispolizeiliche Verordnungen nach § 144 Abs. 2 LVG. (vgl. Zusatz zu § 5) vom Regierungspräsidenten bestimmt. Eine Kreis-PV. ist ungültig, wenn sie nur allgemein auf das Ges. v. 11. März 1850 Bezug nimmt, während nach der Vorschrift des Regierungspräsidenten auf § 5 jenes Gesetzes hätte Bezug genommen werden sollen, KG. 10. März 1890 Jhrb. 10 S. 160. Für gültig ist eine landrätliche PV. erachtet worden, obwohl sie ohne Unterschrift publiziert war, da noch zwei Bekanntmachungen des Landrats folgten und unter der letzten die Unterschrift „Der Landrat von S." stand, KG. 17. Mai und 10. Juni 1897 GA. 45 S. 155. Im übrigen vgl. § 5 A. 12.

§ 11. Die Bezirksregierungen sind befugt, für mehrere Gemeinden ihres Verwaltungsbezirks oder für den ganzen Umfang desselben[1] gültige Polizeivorschriften[2] zu erlassen und gegen die Nichtbefolgung derselben Geldstrafen bis zu dem Betrage von 10 Rtlrn. anzudrohen. Der Minister des Innern hat über die Art der Verkündigung solcher Vorschriften, sowie über die Formen, von deren Beobachtung die Gültigkeit derselben abhängt, die erforderlichen Bestimmungen zu erlassen.[3]

V. v. 20. September 1867 § 11 übereinstimmend; Lauenb. Ges. § 12 Abs. 1: Die Regierung ist befugt, für den ganzen Umfang des Landes oder Teile desselben gültige Polizeivorschriften usw. wie oben Satz 1 Abs. 2: Unser Minister für Lauenburg hat usw. wie oben Satz 2.

1. Über Gebietserweiterung des ursprünglichen Geltungsbereichs einer PV. vgl. § 5 A. 3.

2. Über Rechtsnatur und Wirkung der PV. im allgemeinen vgl. § 5 A. 4.

3. Über Gültigkeitsformen und Art der Verkündigung bestimmte der Min.Erl. v. 6. Juni 1850 (MBl. S. 176):

„In Gemäßheit des § 11 des Gesetzes über die Polizeiverwaltung vom 11. März 1850 bestimme ich hierdurch, daß zur Gültigkeit einer polizeilichen Vorschrift, welche von einer Bezirksregierung auf Grund der angeführten Gesetzesstelle erlassen wird, folgendes erforderlich ist:

1. Der Erlaß muß ausdrücklich auf den § 11 des besagten Gesetzes Bezug nehmen und als polizeiliche Vorschrift, Polizeiverordnung oder Polizeireglement bezeichnet sein.

2. Die Strafe der Nichtbefolgung oder Übertretung ist innerhalb des zulässigen Betrags von zehn Talern dergestalt festzusetzen, daß entweder eine bestimmte Summe oder ein Minimum und Maximum oder auch nur das letztere angegeben wird.

3. Die Verkündigung muß durch Aufnahme des ganzen Erlasses in das Amtsblatt bewirkt werden.

Jede außerdem erforderliche weitere Bekanntmachung, zu

welcher die Behörden sich aus Gründen der Zweckmäßigkeit bewogen finden mögen, ist ohne Einfluß auf die gesetzliche Wirkung polizeilicher Vorschriften der Bezirksregierungen."

Für das Geltungsgebiet der V. v. 20. September 1867 verordnete der Min.Erl. v. 16. November 1867 MBl. S. 364) das gleiche mit Einschaltung folgender Worte in Nr. 3 hinter „Amtsblatt": „oder, wo ein solches noch nicht eingeführt ist, in dasjenige Blatt, welches in Gemäßheit des § 5 der V. vom 1. Dezember 1866 von mir zur Publikation der allgemeinen Anordnungen der betreffenden Bezirksregierung bestimmt ist." Für Lauenburg wurden am 7. Februar 1870 (Off. Wochenbl. S. 41) die gleichen Vorschriften erlassen mit der Maßgabe, daß die Verkündigung durch Aufnahme des ganzen Erlasses in das Offizielle Wochenblatt bewirkt werden müsse.

Die in den voraufgeführten Erlassen vorgeschriebene Bezeichnung als „polizeiliche Vorschrift, PV. oder Polizeireglement" hält das Kammergericht für so sakramental, daß jede auch noch so geringfügige Abweichung die formelle Ungültigkeit zur Folge habe, insbesondere sei eine lediglich als „Baupolizeiordnung" überschriebene Verordnung ungültig, KG. 13. November 1893 GA. 41 S. 444, vgl. auch KG. 20. März 1884 Jhrb. 4 S. 329, ebenso OLG. Breslau 8. Januar 1892 GA. 39 S. 384. Dagegen legt das Oberverwaltungsgericht die Vorschrift dahin aus, daß nicht unbedingt die buchstäbliche Anwendung einer der mehreren zur Wahl gestellten Bezeichnungen vorgeschrieben, sondern auch eine andere, sachlich nicht minder dem Zwecke der Formvorschrift entsprechende Bezeichnung genügend sei, OVG. 24. Oktober 1894 Entsch. 27 S. 414. Daß es im Sinne der vorstehenden Erlasse genüge, wenn am Schlusse der einleitenden Worte — wenn auch nicht in der Überschrift — die nachfolgenden Bestimmungen als polizeiliche Vorschriften bezeichnet sind, hat auch das Kammergericht — 15. Februar 1894 Jhrb. 15 S. 205 — anerkannt. Die Unterlassung der Bezugnahme auf § 11 bewirkt Ungültigkeit, KG. 23. März 1893 Jhrb. 14 S. 288; die allgemeine Heranziehung des Gesetzes vom 11. März 1850 genügt nicht, OVG. 19. September 1881 Entsch. 8 S. 311, vgl.

auch OTr 14 November 1872 OR 13 S. 598 Die Bezugnahme auf § 11 eines Polizeigesetzes vom 11. Mai (statt März) 1850 hat Ungültigkeit zur Folge, KG. 30. März 1893 GA. 41 S. 78 (dagegen hat KG. 15. Februar 1897 GA. 45 S. 77 den sofort erkennbaren Fehler, daß statt auf § 62 der Kreisordnung vom 13. Dezember 1872 auf § 62 der Kreisordnung vom 13. Dezember 1874 Bezug genommen war, für unerheblich erklärt).

§ 12. Die Vorschriften der Bezirksregierungen (§ 11) können sich auf die im § 6 dieses Gesetzes angeführten und alle anderen Gegenstände beziehen, deren polizeiliche Regelung durch die Verhältnisse der Gemeinden oder des Bezirks erfordert wird.[1]

V. v. 20. September 1867 § 12 übereinstimmend (statt „dieses Gesetzes" „dieser Verordnung"); Lauenb. Ges. § 13: Die Vorschriften der Regierung können sich auf die im § 7 dieses Gesetzes angeführten und alle anderen Gegenstände beziehen, deren polizeiliche Regelung durch die Verhältnisse des Landes oder einzelner Teile desselben erfordert wird.

1. Abgesehen davon, daß anstatt des Ausdrucks „im besonderen Interesse", wie er im § 6 lit. 1 gewählt ist, im § 12 der Ausdruck „durch die Verhältnisse" gebraucht ist, sind beide Bestimmungen ganz analog, und es muß deshalb angenommen werden, daß auch den Bezirksregierungen — jetzt dem Regierungspräsidenten — hinsichtlich des materiellen Inhalts ihrer strafpolizeilichen Verordnungen nur die Befugnis zusteht, zum Gegenstande dieser Verordnungen außer den unter a—h des § 6 aufgeführten Materien solche zu machen, welche den vorbezeichneten ähnlich sind, vorausgesetzt, daß deren polizeiliche Regelung durch die „Verhältnisse" der Gemeinde oder des Bezirks erfordert wird; dagegen ist nicht erforderlich ein „besonderes Interesse" der Gemeinde oder des Bezirks, KG. 17. Dezember 1896 GA. 44 S. 406, vgl. auch KG. 5. Juli 1883 Jhrb. 4 S. 256, 14. Mai 1891 Jhrb. 11 S. 196, 6. Mai 1897 Jhrb. 18 S. 331, 28. Februar 1901 Jhrb. 21 C S. 56. Eine Regierungs-PV.,

welche das Inarbeitnehmen der dem Gesinde gleichgestellten Personen ohne die im § 9 der Gesindeordnung vom 8. November 1810 bezeichnete Legitimation mit Strafe bedroht, ist rechtsungültig, KG. 6. Mai 1897 Jhrb. 18 S. 331, 16. Januar 1899 DJZ. 99 S. 339.

Eine Erweiterung des landespolizeilichen Verordnungsrechts enthalten folgende Spezialbestimmungen:

I. Nach § 24 des Ges. über das Deichwesen vom 28. Januar 1848 (GS. S. 54) ist die Regierung befugt, eine PV. zu erlassen, durch welche jede Beschädigung des Deichkörpers verboten wird, KG. 28. Oktober 1895 Jhrb. 17 S. 413.

II. Nach § 28 Gew.O. kann die bei Errichtung von Windtriebwerken von anderen Grundstücken einzuhaltende Entfernung durch PV. des Oberpräsidenten oder Regierungspräsidenten normiert werden, vgl. OVG. 28. Januar 1884 Entsch. 10 S. 283.

III. Zur Verhütung von Hochwassergefahren kann nach § 9 des Ges. v. 16. August 1905 (GS. S. 342) der Regierungspräsident und, wenn es sich um Anordnungen handelt, welche die Grenzen eines Regierungsbezirkes überschreiten, der Oberpräsident Polizeiverordnungen, auch für einzelne Kreise und Teile von Kreisen, erlassen.

IV. § 46 der Jagdordnung v. 15. Juli 1907 (GS. S. 207) sieht Polizeiverordnungen des Oberpräsidenten oder Regierungspräsidenten über die Versendung von Wild und die Beifügung von Ursprungszeugnissen vor.

V. Über die äußere Heilighaltung der Sonn- und Festtage bestimmt die KO. vom 7. Februar 1837 (GS. S. 19):

„Zur Beseitigung der Zweifel, welche nach dem Berichte des Staatsministeriums vom 15. v. M. über die Befugnis der Behörden, durch polizeiliche Bestimmungen die äußere Heilighaltung der Sonn- und Festtage zu bewahren, in einigen Landesteilen bisher obgewaltet haben, setze ich für den ganzen Umfang der Monarchie hierdurch fest, daß die Regierungen die nach den Verhältnissen der einzelnen Orte oder Gegenden ihres Bezirkes zu diesem Zweck erforderlichen Anordnungen zu erlassen und deren Befolgung durch Strafverbote, welche jedoch die im § 10 ihrer Dienstinstruktion vom 23. Oktober 1817 vorgeschriebene Grenze nicht überschreiten dürfen, zu sichern befugt sein sollen. Dieser Befehl ist durch die Gesetzsammlung bekannt zu machen."

Ebenso bestimmt das Ges. v. 9. Mai 1892 (GS. S. 107) für Schleswig-Holstein, Hannover, Hessen-Nassau und Hohenzollern:

„Einziger §. Die Oberpräsidenten und Regierungspräsidenten sind ermächtigt, über die äußere Heilighaltung der Sonn- und Festtage Polizeiverordnungen auf Grund des Gesetzes über die allgemeine Landesverwaltung vom 30. Juli 1883 zu erlassen. Mit dem Inkrafttreten dieser Polizeiverordnungen treten die in den bestehenden Gesetzen, landesherrlichen und sonstigen Verordnungen enthaltenen Vorschriften über die äußere Heilighaltung der Sonn- und Festtage außer Kraft."

Auch im Geltungsbereiche der KO. v. 7. Februar 1837 sind an Stelle der Regierungen Regierungs- und Oberpräsident getreten, OVG. 21. Januar 1898 VerwBl. 20 S. 6. Die Ortspolizeibehörden sind hiernach zum Erlaß bezüglicher Polizeiverordnungen nicht befugt; eine Delegation der Befugnis des Oberpräsidenten und Regierungspräsidenten auf andere Behörden ist unzulässig, KG. 2. Februar 1888 Jhrb. 8 S. 219, 11. Februar 1901 Jhrb. 21 C S. 106. Gesetzliche Festtage sind in Preußen: Weihnachten, Ostern, Pfingsten (je 2 Tage), Neujahr, Buß- und Bettag — mit Ausnahme von Hohenzollern — (Ges. v. 12. März 1893 — GS. S. 29), Karfreitag (Ges. v. 2. September 1899 — GS. S. 161 —, vgl. KG. 2. März 1905 Jhrb. 29 C S. 28), Himmelfahrt, in Schleswig-Holstein auch der Gründonnerstag (RG. 28. September 1883 Jurist. Wochenschrift S. 268), in der Rheinprovinz auch der Allerheiligentag (KO. v. 5. Juli 1832 — GS. S. 197 — und v. 7. Februar 1837 — GS. S. 21 —), in Nassau und Homburg Frohnleichnam (§ 20 der nass. V. v. 20. Oktober 1849 und 13. August 1850). Hinsichtlich der formellen Gültigkeit solcher Polizeiverordnungen sind die für die Gültigkeit der von den Bezirksregierungen erlassenen Polizeiverordnungen gegebenen Vorschriften nicht maßgebend, es genügt die Verkündung derselben in dem für die Anordnungen der Regierung bestimmten Publikationsorgan, KG. 19. April 1894 Jhrb. 15 S. 327. Das Strafmaß bestimmt sich jetzt nach § 366 Nr. 1 StGB., welcher lautet:

„Mit Geldstrafe bis zu sechzig Mark oder mit Haft bis zu vierzehn Tagen wird bestraft:

1. wer den gegen die Störung der Feier der Sonn- und Festtage erlassenen Anordnungen zuwiderhandelt."

Die Ausdrücke „äußere Heilighaltung" und „Störung der Feier der Sonn- und Festtage" lassen erkennen, daß nur solche Handlungen getroffen werden sollen, welche nach außen hin wirken oder doch unmittelbar in die äußere Erscheinung treten und geeignet sind, das religiöse Gefühl zu verletzen, die innere Sammlung und Erhebung allgemein zu stören oder zu beeinträchtigen, KG. 20. Juni 1898 Jhrb. 19 S. 325, 15. März 1900 Jhrb. 20 C S. 47, 13. März 1902 Jhrb. 24 C S. 98, 20. November 1910 Recht 1911 S. 73. Insbesondere kann das Schankgewerbe in einer Weise betrieben werden, welche nach außen hin wahrnehmbar und die äußere Heilighaltung der Sonn- und Festtage zu beeinträchtigen, geeignet ist; das Kammergericht hat deshalb wiederholt Polizeiverordnungen, die den Betrieb der Branntweinschänken während des Hauptgottesdienstes verbieten, für zulässig erklärt, da bei der Art des in diesen Schänken verkehrenden Publikums und bei dem stark berauschenden Charakter der in ihnen verabreichten Getränke die Gefahr von Ausschreitungen und Störungen der Sonntagsruhe eine naheliegende ist, KG. 23. Dezember 1901 GA. 49 S. 328, 10. Januar 1907 Recht 08 S. 46, 23. September 1909 Recht 1910 S. 91. Dagegen überschreitet das ganz allgemeine Verbot des Schankgewerbes während der Zeit des Hauptgottesdienstes mit Ausnahme der Bewirtung ortsfremder Personen und Verabfolgung von Speisen und Getränken an Kranke die zulässigen Grenzen und ist rechtsungültig, KG. 13. März 1902 Jhrb. 24 C S. 98, 2. Juni 1904 DJZ. 04 S. 997, 10. Januar 1907 Recht 08 S. 46. Weil es Arten der Jagdausübung gibt, die nicht geeignet sind, die Sonntagsfeier im allgemeinen zu stören und das religiöse Gefühl zu verletzen, sind Polizeiverordnungen, welche jede Ausübung der Jagd, auch der sog. stillen Jagd, an Sonn- und Feiertagen verbieten, rechtsungültig, OTr. 23. September 1875 OR. 16 S. 601, KG. 20. Juni 1898 Jhrb. 19 S. 325, 24. September 1900 Jhrb. 20 C S. 116, 13. Juni 1904 Jhrb. 28 C S. 24, vgl. auch KG. 29. Dezember 1892 GA. 40 S. 350. Hetz- und Treibjagden dürfen verboten werden, KG. 24. Juni 1901 Jhrb. 22C S. 78, 21. Mai 1908 Jhrb. 36C S. 69. Das Verbot erstreckt sich aber nicht auf Vorbereitungshandlungen zu solchen Jagden, KG. 3. November 1887 Jhrb. 7 S. 272. Ferner kann die Ausübung jeder Jagd während der Zeit des Hauptgottesdienstes verboten werden, KG. 28. September 1903 Jhrb. 26C S. 76. Eine PV., welche unterschiedslos alle Proben zu theatralischen Vorstellungen an Sonn- und Feiertagen während der Zeit des Hauptgottesdienstes verbietet, ist ungültig, KG. 26. Februar 1906 Jhrb. 32C S. 43. Ebenso eine PV., welche jeden Handelsverkehr an Sonn- und Feiertagen ohne Unterschied, ob derselbe auf öffentlichen Straßen und Plätzen oder im Innern der Häuser, in Läden und Warenlagern, äußerlich erkennbar oder nicht, betrieben wird, ausnahms- und bedingungslos verbietet, KG. 5. Juli 1883 Jhrb. 4 S. 256. Dagegen sind rechtsgültig Polizeiverordnungen, welche an Sonn- und Feiertagen verbieten alle öffentlichen und öffentlich bemerkbaren gewerblichen Arbeiten und alle geräuschvollen derartigen Arbeiten innerhalb der Häuser und Betriebswerkstätten, KG. 13. Mai 1889 GA. 37 S. 217 — über den Begriff „öffentlich bemerkbare Arbeiten" vgl. KG. 22. Dezember 1898 GA. 46 S. 352, 11. März 1895 GA. 42 S. 424 in b Note, 16. Mai 1898 DJZ. 98 S. 474, 1. Februar 1900 DJZ. 00 S. 343, 17. September 1906 DJZ. 07 S. 133, 11. August 1908 Recht 08 S. 759. — Wahlflugblätterverteilung ist eine öffentlich bemerkbare Arbeit im Sinne solcher Polizeiverordnungen; durch § 43 Abs. 3 Gew.O. sind die Verteiler von Wahlflugblättern nicht von der Befolgung sonstiger allgemein geltenden Vorschriften entbunden, KG. 23. Juli 1910 Recht 1910 S. 646. Arbeiten, die von den Behörden im öffentlichen Interesse bestimmt werden, werden durch diese Vorschriften nicht betroffen, KG. 28. Oktober 1907 Recht 08 S. 173.

Ferner kann verboten werden:

die Veranstaltung von Schaustellungen während des Gottesdienstes, KG. 22. Juni 1908 Recht 08 S. 759;

das Austragen von Milch von 10 bis 5 Uhr, KG. 4. November 1895 GA. 43 S. 414, vgl. auch KG. 18. November 1895 ebendas.;

das Auf- und Abladen der Fuhrwerke auf öffentlichen Straßen, KG. 13. Januar 1898 GA. 45 S. 444;

das Austragen und Verteilen von Flugschriften, KG. 9. Januar 1899 Jhrb. 19 S. 322 (einschränkend KG. 21. Februar 1901 GA. 48 S. 368);

das Auszahlen des Lohnes an Tagearbeiter und Handwerker während des Gottesdienstes, KG. 19. März 1896 GA. 14 S. 65;

das öffentliche Feilbieten gewerblicher Leistungen in Läden, deren Betreten von außen für jedermann wahrnehmbar ist, während der Stunden des Hauptgottesdienstes, KG. 4. Mai 1891 Jhrb. 11 S. 193;

das Kegelschieben und die Veranstaltung anderer geräuschvoller Vergnügungen während des Hauptgottesdienstes, KG. 29. September 1887 Jhrb. 7 S. 290;

die Veranstaltung von Musikaufführungen in öffentlichen Lokalen an Sonn- und Festtagen ohne Genehmigung der Ortspolizeibehörde, KG. 26. Januar 1891 Jhrb. 11 S. 322;

die Veranstaltung von Tanzmusiken, Bällen und ähnlichen Lustbarkeiten in öffentlichen Lokalen, auch wenn sie in geschlossenen Gesellschaften stattfinden, an Sonntagen vor 4 Uhr nachmittags, KG. 8. Juli 1897 DJZ. 97 S. 494;

die Veranstaltung von öffentlichen und privaten Tanzmusiken und Bällen an den ersten Tagen der drei hohen Feste, KG. 30. November 1905 Recht 07 S. 204;

die Abhaltung von Proben zu Musikaufführungen während der Zeit des Hauptgottesdienstes, KG. 24. November 1910 Recht 1911 S. 73. Rechtsgültig ist ferner die Vorschrift, wonach Schaufenster, in denen Waren oder sonstige Gegenstände irgendwelcher Art zu gewerblichen Zwecken, insbesondere zur Veranschaulichung gewerblicher Leistungen, ausgestellt werden, während des Hauptgottesdienstes zu räumen oder zu verhängen sind (zu den Schaufenstern gehören auch Schaukästen), KG. 7. Juni 1900 Jhrb. 20C S. 89, KG. 11. November 1901 Jhrb. 23C S. 48, 8. Mai 1905 Jhrb. 29C S. 87.

Nach § 24 des RVereinsges. v. 19. April 1908 (RGBl. S. 151) bleiben unberührt die Vorschriften des Landesrechts zum Schutze der Feier der Sonn- und Festtage, jedoch sind für Sonntage, die nicht zugleich Festtage sind, Beschränkungen des Versammlungsrechts nur bis zur Beendigung des vormittägigen Hauptgottesdienstes zulässig. Die Bestimmung einer PV., wonach am Bußtag öffentliche Versammlungen und Aufzüge, die nicht gottesdienstlichen Zwecken dienen, nicht stattfinden dürfen, ist deshalb auch nach Erlaß des RVereinsgesetzes gültig geblieben, OVG. 20. September 1910 VerwBl. 32 S. 414.

Hinsichtlich der Frage, inwieweit auch Handlungen, die nicht an dem Sonn- und Festtage selbst, sondern an den vorhergehenden Werktagen vorgenommen werden, verboten werden können, geht das Oberverwaltungsgericht davon aus, daß auch an Werktagen Handlungen, welche in ihren Wirkungen geeignet sind, die äußere Heilighaltung der nachfolgenden Sonn- und Festtage zu stören, verboten werden können z. B. Lustbarkeiten in der ganzen Karwoche, OVG. 15. Mai 1902 Entsch. 41 S. 309. Nach Ansicht des KG. beginnt die allgemeine Feier des Sonn- oder Feiertages nicht mit dem Anfange des Kalendertages, vielmehr erst mit den Morgenstunden (Sonnenaufgang) des Sonn- oder Feiertags; anders verhält es sich nur mit den Nächten, welche die drei großen Feste, den Bußtag, Totensonntag, Allerseeelntag einleiten, sowie mit den Nächten zum zweiten Weihnachts-, Oster- und Pfingsttag; es können deshalb für den Vorabend des Bußtages und die Vorabende der drei großen Feste Tanzlustbarkeiten, Gesangsvorträge usw. verboten werden, KG. 26. November 1903 Jhrb. 27 C S. 19, 21. Oktober 1907 Recht 08 S. 133, 2. Dezember 1907 Recht 08 S. 173. Dagegen sind Polizeiverordnungen, welche bestimmen, daß Tanzmusiken, Bälle und ähnliche Lustbarkeiten in Schankwirtschaften usw. an Sonnabenden spätestens um 12 Uhr nachts geschlossen werden müssen, nach der Rechtsprechung des KG. ungültig, KG. 29. November 1897 Jhrb. 18 S. 309, 16. Mai 1898 Jhrb. 19 S. 328, 24. April 1911 Recht 1911 S. 451.

Die gegen die Störung der Sonn- und Festtage erlassenen polizeilichen Vorschriften werden durch die Bestimmungen der Gew.O. über gesetzliche Arbeitszeit der gewerblichen Arbeiter, über Sonntagsruhe im Handels-, Gast- und Schankwirtschaftsgewerbe usw. nicht berührt, KG. 7. November 1898 GA. 46 S. 353, 9. November 1893 GA. 41 S. 296, 23. März 1893 Jhrb. 14 S. 390.

VI. Über den Schutz gegen die Verunstaltung landschaftlich hervorragender Gegenden bestimmt das Gesetz vom 2. Juni 1902 (GS. S. 159):

„Die Landespolizeibehörden sind befugt, zur Verhinderung der Verunstaltung landschaftlich hervorragender Gegenden solche Reklameschilder und sonstige Aufschriften und Abbildungen, welche das Landschaftsbild verunzieren, außerhalb der geschlossenen Ortschaften durch PV. auf Grund des Gesetzes über die allgemeine Landesverwaltung vom 30. Juli 1883 (GS. S. 195) zu verbieten, und zwar auch für einzelne Kreise oder Teile derselben."

Eine solche PV. kann auch auf bereits bestehende Aufschriften und Abbildungen Anwendung finden. Darüber, ob eine Gegend als landschaftlich hervorragend anzusehen ist, entscheidet das freie Ermessen der Landespolizeibehörde. Schließt sich die PV. an den Text des Gesetzes an, so kann sie nicht wegen Unbestimmtheit für ungültig erklärt werden; sie braucht nähere Angaben über die Voraussetzungen für die Annahme der Verunstaltung einer Gegend nicht zu enthalten, KG. 2. März 1911 MBl. S. 213. Vgl. auch Ges. v. 15. Juli 1907 gegen die Verunstaltung von Ortschaften und landschaftlich hervorragenden Gegenden (GS. S. 260) und Ausf.Anw. hierzu v. 4. August 1907 MBl. S. 281.

VII. Für das Kollektenwesen ist maßgebend die einem allgemein bindenden Gesetze gleichstehende Instruktion für die Oberpräsidenten vom 31. Dezember 1825 (GS. 1826 S. 1), welche auch in Schleswig-Holstein, Hessen-Nassau und Hannover eingeführt ist und im § 11 unter Nr. 4e bestimmt:

„Aus besonderen Rücksichten werden den Oberpräsidenten auch nachfolgende einzelne Verwaltungsgegenstände überwiesen: e) die Genehmigung zur Ausschreibung öffentlicher Kollekten in den einzelnen Regierungsbezirken oder in der Provinz, jedoch mit Ausnahme der Kirchenkollekten."

In dieser Vorschrift ist die ausdrückliche, formulierte Anerkennung durch ein Gesetz gegeben, daß das Ausschreiben öffentlicher Kollekten der Genehmigung der obersten Staatsbehörde bedarf, daß es ohne solche Genehmigung verboten ist, KG. 22. Februar 1906 Jhrb. 32C S. 62. Aus § 11 der Geschäftsinstruktion für die Regierungen v. 23. Oktober 1817 (GS. S. 248) — vgl. Einleitung S. 18 — ergibt sich das Recht der Regierungen das Kollektenverbot, wie es aus § 11 Nr. 4e erhellt, durch eine den gesetzlichen Bestimmungen über die Strafgrenzen entsprechende Verordnung zu ergänzen. An dieser Befugnis ist durch das Gesetz vom 11. März 1850 nichts geändert (vgl. § 14); nach Aufhebung der Regierungsabteilung des Innern muß diese Befugnis hinsichtlich des Kollektenwesens als auf den Regierungspräsidenten übergegangen gelten, RG. 13. Juli 1888 Straff. 18 S. 58, KG. 21. Januar 1897 GA. 45 S. 70, 22. Februar 1906 Jhrb. 32C S. 62, 12. Juli 1909 Recht 1910 S. 94, 28. Februar 1910 Jhrb. 39C S. 85.

Zu den der Genehmigung des Oberpräsidenten bedürfenden Kollekten sind nur Hauskollekten zu rechnen, bei denen der Sammelnde von Haus zu Haus geht, um durch persönliche Einwirkung auf die betreffenden Personen die Hergabe von Geldbeträgen oder anderen Sachen zu erwirken, KG. 11. Oktober 1906, Recht 07 S. 1003. Tellersammlungen in Versammlungen bedürfen keiner polizeilichen Genehmigung und können auch nicht durch PV. verboten werden, selbst nicht am Ausgang des Versammlungsorts, KG. 20. Mai 1901 Jhrb. 22C S. 93, 3. Oktober 1904 Jhrb. 28C S. 77, 22. Februar 1906 Recht 07 S. 78, 9. Juli 1908 MBl. S. 231. Mangels des begrifflichen Erfordernisses einer Einwirkung von Person zu Person durch Angehen der Geber ist eine öffentliche Aufforderung zur Leistung freiwilliger Beiträge für einen bestimmten Zweck nicht als Veranstaltung einer Kollekte anzusehen, KG. 12. April 1900 DJZ. 00 S. 483, 17. Mai 1900 Jhrb. 20C S. 98, 9. Juli 1908 MBl. S. 231, 6. April und 11. Dezember 1893 Jhrb. 14 S. 274 und 411, vgl. auch OTr. 8. Mai 1865 OR. 6 S. 91, 9. November 1876 OR. 17 S. 722. Das Vorhandensein einer Kollekte wird nicht unbedingt dadurch ausgeschlossen, daß für die Beiträge eine Gegenleistung tatsächlich gewährt wird oder bereits gewährt ist; nur dann ist dies der Fall, wenn durch die Gegenleistung eine obligatorische Verpflichtung zur Zahlung des Geldbeitrags begründet wird, welche die Annahme einer Freiwilligkeit ausschließt, KG. 25. März 1901 Jhrb. 22C S. 28, 14. April 1892 Jhrb. 13 S. 397, vgl. auch KG. 19. Juni 1890 GA. 38 S. 388, 14. Dezember 1891 Jhrb. 12 S. 243, 18. März 1897 GA. 45 S. 71. Sind die rechtlichen Verhältnisse der beiden Kontrahenten die des Kaufs und Verkaufs, so kann niemals eine Kollekte angenommen werden, mag auch der Kauf vom Käufer in der Absicht abgeschlossen sein, dadurch dem Verkäufer oder einem Dritten zu helfen, mag auch der Kaufpreis den Wert der Ware beträchtlich übersteigen; nur dann, wenn der Kauf simuliert ist, ist eine verschleierte Kollekte anzunehmen, KG. 6. Juni 1901 GA. 49 S. 151. Unter Kirchenkollekten sind solche Kollekten zu verstehen, welche in den betreffenden Kirchengebäuden auf Veranstaltung eines dazu legitimierten Organs der Kirche abgehalten werden, OTr. 3. Januar 1877 GA. 25 S. 168, vgl. auch OTr. 24. Juni 1875 OR. 16 S. 490.

Eine öffentliche Kollekte liegt nur dann vor, wenn über einen festbegrenzten Personenkreis hinausgegangen wird; die Begrenzung wird nicht schon durch die Gemeinsamkeit des Berufs, der Gesinnung, des Wohnorts, die Zugehörigkeit zu einer Partei hergestellt, es bedarf vielmehr näherer persönlicher Beziehungen der Bekanntschaft, der Arbeitsgemeinschaft, oder ähnlicher Art, welche der Verbindung einen besonderen und privaten Charakter verleihen, RG. 13. Juli 1888 Strafs. 18 S. 58, vgl. ferner KG. 30. September 1889 Jhrb. 10 S. 264, 12. Juli 1909 Recht 1910 S. 94. Eine ausdrücklich auf Vereinsmitglieder beschränkte Einsammlung freiwilliger Gaben wird dadurch, daß die Listen in öffentlichen Lokalen für die Vereinsmitglieder offen gelegt werden, nicht zu einer öffentlichen Kollekte, KG. 6. Oktober 1890 Jhrb. 11 S. 345. Durch den materiellen Zweck der Geldsammlung ist der Begriff der Kollekte nicht begrenzt; jeder Zweck ist an sich tauglich einer Kollekte als Grundlage zu dienen; auch schließt die gleichzeitige Befriedigung irgendwelcher eigennützigen Interessen der Beitragenden den Begriff der Kollekte nicht aus, RG. 4. Dezember 1890 Strafs. 21 S. 192. Eine Regierungs-PV., welche die Zulässigkeit aller Kollekten von der Genehmigung derjenigen Polizeibehörde, in deren Bezirk sie stattfinden sollen, abhängig macht, verstößt gegen die Instruktion v. 31. Dezember 1825, welche die Genehmigung dem Oberpräsidenten zuweist, KG. 29. Dezember 1892 GA. 40 S. 375.

Über den Begriff „Ausführung" einer öffentlichen Kollekte vgl. KG. 18. November 1907 DJZ. 08 S. 253.

§ 13. Zum Erlasse solcher Vorschriften der Bezirksregierungen, welche die landwirtschaftliche Polizei betreffen, ist die Zustimmung des Bezirksrates erforderlich.[1]

V. v. 20. September 1867 und Lauenb. Ges. enthalten eine entsprechende Bestimmung nicht.

1. Vgl. jetzt § 139 LVG. in der Vorbem. zu §§ 11—14 und § 7. Die hier und in § 9 erwähnten Bezirksräte sind bereits durch Gesetz v. 24. Mai 1853 (GS. S. 238) wieder beseitigt worden.

§ 14. Die Befugnis der Bezirksregierungen, sonstige allgemeine Verbote und Strafbestimmungen in Ermangelung eines bereits bestehenden gesetzlichen Verbotes mit höherer Genehmigung zu erlassen, ist aufgehoben.[1]

V. v. 20. September 1867 und Lauenb. Ges. enthalten eine entsprechende Bestimmung nicht.[2]

1. Die Befugnis der Regierungen, mit Rücksicht auf ein bereits bestehendes gesetzliches Verbot Strafvorschriften zu erlassen, ist durch diese Bestimmung nicht berührt, RG. 13. Juli 1888 Strafs. 18 S. 58, vgl. auch RG. 19. Oktober 1893 Strafs. 24 S. 326.

2. Über die Bedeutungslosigkeit der Nichtaufnahme des § 14 in die V. für Hessen-Nassau, vgl. KG. 10. Dezember 1908 Jhrb. 37 C S. 63.

§ 15. Es dürfen in die polizeilichen Vorschriften (§§ 5 und 11) keine Bestimmungen aufgenommen werden, welche mit den Gesetzen[1] oder den Verordnungen einer höheren Instanz[2] im Widerspruche stehen.

V. v. 20. September 1867 § 13 u. Lauenb. Ges. § 14 übereinstimmend.

1. Unter **Gesetz** ist jede Rechtsquelle für eine objektive Rechtsnorm zu verstehen; insbesondere sind im Gebiete des gemeinen Rechts die allgemeinen Rechtsgrundsätze, wie solche sich im Laufe der Zeit durch eine beständige Rechtsprechung und unter dem Einflusse der Wissenschaft zu festen Rechtsnormen herausgebildet haben, darunter zu begreifen, OVG. 13. Februar 1884 Entsch. 10 S. 203, KG. 1. Mai 1884 Jhrb. 4 S. 271. Ausgeschlossen ist hiernach eine Neubegründung rechtlicher Verpflichtungen durch PV. — OVG. 3. November 1897 Entsch. 32 S. 425, 8. Juni 1905 VerwBl. 27 S. 247 — sowie eine Änderung bestehender Verbindlichkeiten, OVG. 13. Februar 1884 Entsch. 10 S. 203, 2. Dezember 1909 Entsch. 55 S. 458, KG. 24. Juni und 23. Mai 1901 Jhrb. 22 C S. 39 und 43. Deshalb ist eine Baupolizeiordnung, welche, damit das Nachbargrundstück in einem polizeimäßigen Zustande bleibe, einen Grundstückseigentümer in der Bebauung seines Grundstücks beschränkt, insbesondere das Bauen nur in einem bestimmten Abstande vom Nachbarbau, der Türen und Fenster nach dem Baugrundstücke hat, und nur dann gestattet, wenn es ohne erhebliche Schädigung jenes Nachbarbaues geschehen kann, ungültig, OVG. 19. Januar 1903 Entsch. 42 S. 353.

I. Der **Grundsatz der Unverletzlichkeit des Eigentums** schließt Anordnungen, durch welche im polizeilichen Interesse der freien Ausübung des Eigentums Schranken gesetzt werden, nicht aus, KG. 3. Oktober 1881 Jhrb. 4 S. 307, 28. Januar 1886 Jhrb. 6 S. 317, 23. Mai 1887 Jhrb. 7 S. 280, 23. Mai 1898 DJZ. 98 S. 494, 23. Februar 1903 Jhrb. 26 C S. 19, 21. Mai 1908 Recht 08 S. 648, 13. Juli 1908, Jhrb. 36 C S. 37, OVG. 5. Dezember 1881 Entsch. 8 S. 327, 19 März 1908 GA. 56 S. 328. Die Polizeibehörde ist auch befugt ebenso wie das Privateigentum den Gemeingebrauch (z. B. am Meeresufer) im Interesse der allgemeinen Verkehrssicherheit Beschränkungen zu unterwerfen, KG. 15. November 1909 Jhrb. 38 C S. 34. Ebenso kann die Ausübung von Realrechten durch eine auf gesetzlicher Ermächtigung beruhende PV. beschränkt werden, ohne Rücksicht darauf, ob der Berechtigte die Anerkennung seines dinglichen Rechts durch Urteil erstritten hat, OTr. 14. Februar 1878 OR. 19

S. 69. Verbietet eine PV. das Aufstellen unbespannter Fuhrwerke auf öffentlichen Straßen ohne polizeiliche Genehmigung, so ist der Einwand des Angeklagten, daß er observanzmäßig zu jenem Aufstellen berechtigt gewesen, unerheblich, KG. 25. Mai 1891 Jhrb. 11 S. 266; ebenso findet eine PV., welche die Abführung von Abflüssen in einen städtischen Kanal nur nach einer Klärung derselben von allen Senkstoffen gestattet, auch auf denjenigen Anwendung, welchem früher bei Herstellung seiner Anlage in der erteilten Bauerlaubnis weitergehende Befugnisse beigelegt waren, OTr. 18. März 1875 OR. 16 S. 239. Eine in Privatrechte im öffentlichen Interesse eingreifende PV. ist auch ohne Regelung der Entschädigungsfrage gültig, denn diese wird geregelt durch das Gesetz vom 11. Mai 1842 KG. 10. November 1881 Jhrb. 3 S. 340, 16. März 1905 Jhrb. 29C S. 53.

II. Hinsichtlich des Verhältnisses der Polizeiverordnungen zum StGB. ist als im allgemeinen durchgreifende Regel festzuhalten, daß durch den Übertretungsabschnitt des StGB. der Staatsgewalt der einzelnen Bundesstaaten und deren mit der sogenannten kleinen Gesetzgebung betrauten Behörden und Verwaltungsorganen kein Hindernis geschaffen wird, im speziellen Interesse des betreffenden Bezirks polizeiliche Strafnormen wirksam auch in bezug auf solche Angelegenheiten zu erlassen, die in dem ein abgeschlossenes System im ganzen nicht ausprägenden Übertretungsabschnitte bereits in irgendeiner Richtung teilweise Regelung erfahren haben, daß also die Vermutung nicht dafür spricht, daß durch eine Einzelbestimmung des Abschnitts 29 eine Materie abschließend geregelt ist. Nur darf die Landesgesetzgebung nicht im Widerspruch mit dem Reichsrecht den durch dieses bereits fixierten Tatbestand einer Übertretung als solchen abweichend gestalten oder anderweit bedrohen, OHG. 7. Januar 1876 Entsch. 19 S. 347, RG. 2. November 1882 Straff. 7 S. 201, 14. November 1889 Straff. 20 S. 43, 19. Februar 1903 Straff. 36 S. 109, KG. 28. März und 5. Dezember 1892 GA. 40 S. 60 und 356. Rechtsgültig ist eine PV., welche bestimmt, daß Totengräber eine Beerdigung nicht eher vornehmen dürfen, als bis ihnen eine Bescheinigung des Standesbeamten oder die schriftliche Genehmigung der Ortspolizeibehörde vorgezeigt ist; sie führt das Blankettstrafgesetz des § 367 Nr. 2 StGB. aus, KG. 23. März 1911 Recht 1911 S. 339. Durch § 368 Nr. 5 StGB. ist nicht ein Zweig der Feuerpolizei als Materie abschließend geregelt, RG. 2. November 1882 Strafs. 7 S. 201 (abweichend hat OTr. 27. Februar 1877 GA. 25 S. 578 eine PV., durch welche das Tabakrauchen in den im § 368 Nr. 5 bezeichneten Räumen unbedingt ohne Unterschied, ob das Feuer verwahrt ist oder nicht, verboten wird, für ungültig erachtet), vgl. auch § 6 lit. g. Über das Verbot des Waffentragens neben § 367 Nr. 9 StGB. vgl. § 6 lit. f. Die Materie des ruhestörenden Lärms ist durch § 360 Nr. 11 StGB. erschöpfend geregelt, OTr. 8. November 1864 OR. 5 S. 237, KG. 14. Dezember 1885 Jhrb. 6 S. 182, 14. Mai 1900 Jhrb. 20C S. 62, 18. Mai 1903 DJZ. 03 S. 405, 15. Februar 1906 Jhrb. 32C S. 10, 17. September 1906 DJZ. 07 S. 133, 30. Mai 1907 DJZ. 07 S. 718, 19. September 1907 Jhrb. 34C S. 57, 21. Oktober 1907 DJZ. 08 S. 197, 25. Februar 1909 Recht 09 S. 334 (dagegen OLG. Braunschweig 7. Juni 1910 DJZ. 1911 S. 992). Eine PV., welche das Kegelschieben nach 11 Uhr nachts verbietet, ist deshalb ungültig, KG. 23. November 1896 GA. 44 S. 426, 25. November 1907 Rechts 08 S. 214; ebenso eine PV., welche bestimmt: „Zur Nachtzeit darf keine Handlung, selbst keine gewerbliche Handlung vorgenommen werden, wodurch die Ruhe von Einwohnern gestört wird", KG. 20. Mai 1901 DJZ. 01 S. 535. Gültig ist aber eine PV., welche bestimmt, daß Lastfuhrwerke nur im Schritt fahren dürfen, weil derartige Vorschriften durch § 366 Nr. 10 StGB. vorbehalten sind, KG. 7. Juni 1909 DJZ. 09 S. 1093; vgl. auch oben S. 70. Erschöpfend geregelt ist ferner durch § 123 StGB. die Strafbarkeit des Betretens abgeschlossener Räume, KG. 30. Januar 1902 Jhrb. 23C S. 73, 26. April 1903 VerwBl. 25 S. 215, 30. Mai 1907 DJZ. 07 S. 718. Ebenso ist die Materie der Beleidigung in abschließender Weise geregelt und deshalb für Polizeiverordnungen, die dieselbe Materie betreffen, kein Raum, KG. 19. März 1908 Jhrb. 35C S. 42. Eine PV., welche das öffentliche Anpreisen oder Ankündigen oder das Gebrauchen von Gegenständen, Einrichtungen und

Methoden unter Strafe stellt, die dazu bestimmt sind, die Empfängnis oder Geschlechtskrankheiten zu verhüten oder geschlechtliche Erregung hervorzurufen, befindet sich im Widerspruch mit dem StGB. und dem preußischen Landesrecht und ist ungültig, KG. 12. Dezember 1900 Jhrb. 21 C S. 47, vgl. auch RG. 6. Juni 1902 Strafs. 35 S. 277.

III. Hinsichtlich des Verhältnisses zur GewO. ist davon auszugehen, daß § 1 GewO., welcher das Prinzip der Gewerbefreiheit zum Ausdruck bringt, sich nur auf die persönliche Zulassung zum Gewerbebetrieb bezieht und in keiner Weise polizeiliche Anordnungen ausschließt, welche die Ausübung der Gewerbe im polizeilichen Interesse regeln, OVG. 1. Dezember 1892 Entsch. 24 S. 311, 9. März 1903 Entsch. 43 S. 209, vgl. OTr. 18. Januar 1871 OR. 12 S. 42, KG. 13. Januar 1890 Jhrb. 10 S. 167, 22. April 1907 Recht 07 S. 1343, 21. Oktober 1907 DJZ. 08 S. 197. Auch die im § 16 GewO. aufgeführten gewerblichen Anlagen sind nicht denjenigen polizeilichen Beschränkungen entzogen, welche auf Grund der Landesgesetze zur Verhütung von Gesundheitsgefahr und Verkehrsbelästigung der Errichtung gewisser Betriebe, mögen sie gewerblicher oder nichtgewerblicher Art sein, auferlegt werden, OVG. 21. Oktober 1889 Entsch. 18 S. 302, vgl. § 6 lit. b und f; indessen findet bei ihnen die Zulässigkeit nachträglicher polizeilicher Auflagen an dem Inhalt der Genehmigung ihre Schranke, OVG. 11. April 1907 GA. 54 S. 426. Dagegen verstößt eine PV., welche die gewerbsmäßige Anfertigung und Pflege von Gräbern des städtischen Friedhofs ohne Genehmigung des Magistrats und Gemeindekirchenrats verbietet, gegen die GewO. und ist ungültig, KG. 10. September 1880 Jhrb. 1 S. 189, vgl. auch § 6 b S. 87. Eine PV., durch welche das Kurieren rotzkranker Pferde durch nichtapprobierte Tierärzte untersagt wird, ist durch die GewO. außer Kraft gesetzt, OTr. 26. September 1873 GA. 21 S. 581, vgl. auch § 6 lit. g; ebenso eine PV., welche für die Veranstaltung öffentlicher Lustbarkeiten jeder Art polizeiliche Erlaubnis vorschreibt, insoweit sie die gewerbsmäßige Veranstaltung von Lustbarkeiten betrifft, OVG. 19. Dezember 1904 Entsch. 46

S. 343. Die gewerbsmäßigen Darbietungen der im § 33b GewO. bezeichneten Art dürfen nicht im weiteren Umfang, als § 33b es vorsieht, von einer polizeilichen Erlaubnis abhängig gemacht werden; Privatgrundstücke, die dem Publikum zum Zwecke der Darbietung von Lustbarkeiten zugänglich gemacht werden, gehören nicht zu den öffentlichen Plätzen im Sinne von § 33b, OVG. 19. Dezember 1904 Entsch. 46 S. 343, 23. Oktober 1905 VerwBl. 28 S. 433. Es steht aber der § 33b GewO. dem Erlaß einer PV. nicht entgegen, welche das Aufstellen von Karussells, Schießbuden usw. auf und an den dem öffentlichen Verkehr dienenden Plätzen und Wegen von polizeilicher Erlaubnis abhängig macht, da straßenpolizeiliche Beschränkungen durch die GewO. nicht berührt werden, KG. 8. Juli 1907 Recht 07 S. 1343, 7. Juni 1910 DJZ. 1910 S. 1029. Dem Hausierhandel als solchem dürfen polizeiliche Beschränkungen nur auf Grund der GewO. oder anderer Reichsgesetze auferlegt werden; es entbehrt deshalb eine PV. der Rechtsgültigkeit, wonach Hausierer verpflichtet sein sollen, die von ihnen benutzten Zugtiere allmonatlich einer amtlichen Untersuchung zu unterwerfen und das darüber lautende Kontrollbuch bei sich zu führen, KG. 6. März 1902 Jhrb. 24 C S. 28. Ungültig ist auch eine PV., wonach Personen, die an öffentlichen Orten als Rollstuhlschieber oder Diener bei Kurgästen fungieren wollen, einer polizeilichen Erlaubnis bedürfen, KG. 13. Dezember 1900 DJZ. 01 S. 238. Eine PV., welche den Lohn- und Hausschlächtern, die für fremde Rechnung schlachten, die Einreichung eines Lohnschlachttarifs vorschreibt, verstößt gegen § 72 GewO. und ist ungültig, KG. 22. September 1910 Recht 1911 S. 781. Ungültig ist eine PV., nach welcher minderjährige Frauenspersonen als Kellnerinnen nicht beschäftigt werden dürfen, wenn sie nicht die schriftliche obrigkeitlich beglaubigte Genehmigung des gesetzlichen Vertreters besitzen, denn die Materie der Beschäftigung minderjähriger Personen ist durch §§ 10, 108 GewO. und § 7 des Kinderschutzgesetzes erschöpfend geregelt, KG. 9. Januar 1911 Recht 1911 S. 203.

IV. **Verhältnis zu anderen Reichs- und Landesgesetzen.** Eine PV. darf nicht die Strafandrohung eines Reichsgesetzes auf Fälle für anwendbar erklären, für die sie nicht gegeben ist, RG. 20. Februar 1880 Straff. 1 S. 213. Die durch das Gesetz einer bestimmten Behörde überwiesenen Funktionen können nicht durch PV. auf eine andere Behörde übertragen werden, OTr. 1. Juni 1861 OR. 1 S. 433, KG. 11. November 1901 Jhrb. 23 C S. 19. Die Bestimmung einer PV., daß eine Entschuldigung eines Feuerwehrpflichtigen nur dann rechtmäßig ist, wenn sie von der Polizeiverwaltung als genügend anerkannt wird, ist ungültig, weil sie gegen den durch die StPO. aufgestellten Grundsatz verstößt, daß der Strafrichter über die Voraussetzungen der Strafbarkeit einer Tat nach allen Richtungen entscheidet, ohne durch Vorentscheidungen anderer Behörden gebunden zu sein, KG. 23. März 1903 Jhrb. 26 C S. 56. Ebenso ist ungültig eine PV., die dem Eigentümer eines Automobils bei Strafe die Pflicht auferlegt, der Polizeibehörde auf Verlangen Auskunft über die Personen zu geben, die das Gefährt in Benutzung genommen haben, weil sie mit Grundsätzen der StPO., insbesondere über das Zeugnisverweigerungsrecht, in Widerspruch steht, KG. 25. April 1904 Jhrb. 27. C S. 54. Ungültig ist auch eine PV., welche bestimmt, daß für das Ableiten übelriechender Stoffe aus den Grundstücken deren Eigentümer hafte, es sei denn, daß der Täter von ihm namhaft gemacht werde, KG. 27. Mai 1907 DJZ. 07 S. 1205. Eine PV., welche den Zeitungen des Regierungsbezirks bei Strafe verbietet, eine Bezeichnung zu führen, die geeignet ist, die Meinung zu erwecken, als sei dieses Blatt zur Publikation ortspolizeilicher Verordnungen oder amtlicher Erlasse der Behörden bestimmt, verstößt gegen die durch die Verfassung und das Reichspreßgesetz gewährleistete Freiheit der Presse und ist ungültig, KG. 14. April 1892 Jhrb. 13 S. 256, OVG. 17. November 1896 Entsch. 30 S. 418, abweichend OTr. 13. Februar 1863 OR. 3 S. 290. Gegen eingetragene Genossenschaften und deren Versammlungen sind Polizeiverordnungen in gleicher Weise, aber auch nur in gleicher Weise wie gegen sonstige Vereine und Versammlungen zulässig, OVG. 19. Dezember 1985 Entsch. 29 S. 447.

Durch § 1 Abs. 1 des Reichs-Vereinsges. ist der Polizeibehörde nur die Befugnis genommen, solche Maßnahmen zu treffen, durch welche die Ausübung der Vereins- oder Versammlungsfreiheit beschränkt wird; polizeiliche Maßnahmen allgemeinen Inhalts behalten jedoch auch gegenüber denjenigen Geltung, welche sich in der Ausübung ihres Vereins- oder Versammlungsrechts befinden. Eine PV., welche das öffentliche Tragen einer roten Fahne allgemein, und nicht bloß bei Leichenbegängnissen, verbietet, steht deshalb mit dem RVereinsges. nicht in Widerspruch KG. 21. März 1910 Jhrb. 39C S. 62; dagegen ist eine PV., welche das öffentliche Tragen roter Schleifen an Begräbniskränzen verbietet, durch § 1 RVereinsges. aufgehoben, weil sie infolge des Hinweises auf Leichenzüge wesentlich einen vereinsrechtlichen Charakter hat, KG. 1. November 1909 Recht 1910 S. 91 und 357. Eine PV., durch welche den Zollbeamten im Grenzbezirke das amtliche Betreten eines Deiches nur für wirkliche Notfälle gestattet wird, steht mit dem Vereinszollgesetz in Widerspruch, OTr. 7. Februar 1877 GA. 25 S. 68. Baupolizeiverordnungen finden, soweit es sich um die Einhaltung einer auf Grund des Gesetzes vom 2. Juli 1875 festgesetzten Fluchtlinie handelt, im § 11 dieses Gesetzes ihre Schranke, über die sie nicht hinausgehen dürfen, OVG. 9. Februar 1906 Entsch 48 S. 369. Eine BauPV., welche in den Bestimmungen über Versagung der Bauerlaubnis über die Bestimmungen des Gesetzes v. 15. Juli 1907 gegen die Verunstaltung von Ortschaften und landschaftlich hervorragenden Gegenden hinausgeht, ist insoweit ungültig, OVG. 2. April 1910 Entsch. 56 S. 440. Ungültig ist eine PV., welche dem Impfzwang noch die weitere Zwangspflicht der Eltern hinzufügt, in dem Impftermine die Entnahme von Impfstoff von ihren Kindern zu gestatten, OTr. 12. April 1877 OR. 18 S. 261. Die Jagdordnung hat die Jagdpolizei erschöpfend geregelt; eine PV., welche in Schleswig-Holstein die Jagd auf einer Strecke des Ostseestrandes verbietet, steht mit ihr in Widerspruch, KG. 15. November 1909 Jhrb. 38C S. 34. Das Fortschaffen von Holz aus einem fremden Walde seitens des Erwerbers oder zum Bezug Berechtigten ist in den §§ 38, 39 des Feld- und Forstpolizeigesetzes in abschließender Weise geregelt, eine PV., durch welche ein weiterer auf das Fortschaffen sich beziehender Tatbestand unter

Strafe gestellt wird, ist ungültig, KG. 20. Januar 1902 Jhrb. 23 C S. 74, vgl. auch § 6 h A. 11. Die Materie des unbefugten Reitens außerhalb der öffentlichen Wege ist durch § 10 FFPG. geregelt; eine PV., welche in Abweichung von diesen Vorschriften das Reiten außerhalb der Wege mit Strafe bedroht, ist ungültig, KG. 14. Juni 1909 DJZ. 09 S. 1270. Ebenso regelt das Ges. betreffend Schutzwaldungen und Waldgenossenschaften vom 6. Juli 1875 (GS. S. 416) die Materie des Schutzes ländlicher Grundstücke gegen Versandung durch Nachbargrundstücke eingehend und umfassend; soweit dies geschehen, ist für Polizeiverordnungen kein Raum vorhanden, KG. 29. Juni 1885 Jhrb. 6 S. 264. Eine PV., durch die das unbefugte Befahren einer Dorfstraße für auswärtige Fuhrwerke verboten wird, ist ungültig, weil eine solche PV. materiell der Einziehung eines öffentlichen Weges gleichsteht und deshalb dem § 57 des Zuständigkeitsges. v. 1. August 1883 widerspricht, KG. 21. März 1904 Jhrb. 27 C S. 52. Ein generelles Verbot der Benutzung von Einfahrten über Bürgersteige steht mit dem Gesetz in Widerspruch, weil es die auf ihm beruhenden Rechte der Anlieger auf Benutzung der Einfahrten aufhebt, KG. 27. Juni 1910 Jhrb. 39 C S. 33. Durch das Fischereigesetz ist das allgemeine Polizeiverordnungsrecht, soweit der Schutz der Fischerei in Betracht kommt, beseitigt, KG. 16. Juni 1904 Jhrb. 28 C S. 18, 25. April 1907 Recht 08 S. 47, 11. Februar 1909 Recht 09 S. 618. Eine PV., welche den Uferbesitzern eines Privatflusses die Ableitung von Wasser aus demselben zur Wiesenbewässerung außer zu bestimmten Zeiten verbietet, ist ungültig, weil sie mit dem Ges. vom 28. Februar 1843 (GS. S. 41) in Widerspruch steht, KG. 13. März 1893 Jhrb. 14 S. 261. Das Reichsfarbengesetz vom 5. Juli 1887 regelt die Materie des Handels mit giftigen Farben und den damit hergestellten Gegenständen ebensowenig ausschließend wie das RGes. v. 25. Juni 1887 den Verkehr mit blei- und zinkhaltigen Gegenständen; nur insoweit ist die Regelung eine erschöpfende, als das Verbot der Verwendung bestimmter gesundheitsschädlicher Farben bei Herstellung bestimmter Gegenstände aufgestellt ist; die Landesgesetzgebung darf daher derartige Gegenstände, wenn zu ihrer Herstellung andere Farben verwendet worden sind, vom Verkehr nicht ausschließen. Polizeiverordnungen, welche die Art des Feilhaltens und Verkaufs der zum Handel zugelassenen Giftwaren regeln, sind nicht ausgeschlossen, KG. 28. Juni 1909 Jhrb. 38C S. 49. Das R. Fleischbeschauges. und das hierzu erlassene PrAG. haben die darin behandelten Materien erschöpfend geregelt, insbesondere hat das AG. vorgeschrieben, in welchen Fällen Polizeiverordnungen zulässig sind; in allen übrigen Fällen, in denen beide Gesetze ein polizeiliches Einschreiten vorsehen, können nur Anordnungen für den betreffenden Einzelfall erlassen werden, KG. 25. Juni 1908 Jhrb. 36C S. 88. Der Fleischbeschauzwang kann nur durch Gemeindebeschluß, nicht durch PV. eingeführt werden, KG. 25. November 1907 Jhrb. 35C S. 44. Eine PV., welche jedermann ohne Unterschied ermächtigt, ungeknüttelt umherlaufende Hunde zu töten, widerspricht den Gesetzen und ist ungültig, OTr. 5. Oktober 1877 GA. 25 S. 566; desgleichen eine PV., welche erlassen ist, um der Gemeinde in einem Privatrechtsstreite mit einem Privaten einen Besitzstand zu verschaffen, OTr. 12. März 1868 OR. 9 S. 199. Ungültig ist auch eine PV., welche einem Abdeckereiprivileg widerspricht, KG. 29. Oktober 1896 GA. 44 S. 430. Eine PV., welche der Dienstherrschaft bei Strafe die Verpflichtung auferlegt, sich das Gesindebuch eines angenommenen Dienstboten vorlegen zu lassen, verstößt nicht gegen die V. v. 29. September 1846 (GS. S. 467) wegen Einführung von Gesindebüchern, KG. 29. Januar 1891 Jhrb. 11 S. 257. Dagegen ist die Vorschrift einer PV. ungültig, welche die Indienstnahme schulpflichtiger Kinder ohne Erlaubnis des Ortsschulinspektors unter Strafe stellt, weil die Gesindeordnung die Maßnahme, welche bei Annahme des Gesindes vom Annehmenden zu treffen sind, erschöpfend regelt, KG. 30. Mai 1904 Jhrb. 28C S. 27. Eine PV., welche das Fahren mit zwei aneinander gebundenen Fuhrwerken verbietet, steht nicht in Widerspruch mit Nr. II 15 der Kab.-Ordre v. 29. Februar 1840 betreffend den Chausseegeldtarif, KG. 3. März 1904 Jhrb. 27C S. 10.

2. Ein durch § 15 verbotener Widerspruch ist stets vorhanden, wenn zwei Bestimmungen nicht nebeneinander bestehen oder angewendet werden können, wenn nur die eine oder die andere

sich anwenden läßt, wenn also die ursprüngliche durch die neuere eine Abänderung erleidet, OVG. 4. Oktober 1904 Entsch. 46 S. 390. Die Verschärfung bestehender polizeilicher Vorschriften einer höheren Instanz ist in gleicher Weise ein Widerspruch wie eine Abschwächung, es sei denn, daß die höhere Instanz die Verschärfung selbst für zulässig erklärt hat, OVG. 8. Januar 1910 Entsch. 56 S. 426; vgl. auch OVG. 11. Juni 1910 Entsch. 57 S. 461. Eine Ergänzung ist insoweit gestattet, als die höhere Instanz auf dem in Betracht kommenden Gebiete keine Anordnungen getroffen hat und auch nicht hat treffen wollen, also eine Lücke besteht, die durch die PV. der unteren Instanz ausgefüllt wird, die Ergänzung ist dagegen ausgeschlossen, soweit das Gebiet durch die V. der höheren Instanz vollständig erschöpfend geregelt ist, OVG. 31. Januar 1893 Entsch. 24 S. 351, 4. Oktober 1904 Entsch. 46 S. 310, 4. Juli 1905 VerwBl. 27 S. 179, vgl. auch OTr. 28. Januar 1864 OR. 4 S. 332, KG. 3. März 1904 Jhrb. 27C S. 10. Die höhere Instanz ist befugt, beim Erlaß einer PV. einer nachgeordneten Behörde den Erlaß bestimmter, innerhalb des Rahmens ihrer Befugnisse liegender Vorschriften vorzubehalten, sofern sich diese lediglich als Ergänzung und Ausführung der von der vorgesetzten Behörde für einen weiteren Polizeibezirk erlassenen Normen nach den besonderen Rücksichten des Bezirks der untergeordneten Behörde darstellen, ohne mit der V. der höheren Behörde in Widerspruch zu treten; die Befugnis zur Abänderung der PV. kann aber nicht auf die nachgeordnete Behörde übertragen werden, KG. 2. April 1903 Jhrb. 26C S. 3, 13. September 1907 Recht 07 S. 1552; vgl. auch KG. 29. September 1887 Jhrb. 7 S. 290, OTr. 4. März 1869 OR. 10 S. 131, 11. Oktober 1871 OR. 12 S. 509 und § 9 A. 1. Das Ges. v. 18. Mai 1903, betr. die Außerkraftsetzung einiger in der Provinz Hessen-Nassau geltenden bau- und feuerpolizeilichen Bestimmungen (GS. S. 176) verleiht dem Oberpräsidenten und Regierungspräsidenten die Befugnis, durch PV. bau- oder feuerpolizeiliche Bestimmungen, welche in den aus vorpreußischer Zeit stammenden Gesetzen, landesherrlichen oder sonstigen Verordnungen enthalten sind, außer Kraft zu setzen, vgl. ferner Ges. v. 9. Mai 1892 (oben S. 150).

§ 16. Der Minister des Innern ist befugt, soweit Gesetze nicht entgegenstehen, jede polizeiliche Vorschrift durch einen förmlichen Beschluß außer Kraft zu setzen. Die Genehmigung des Königs ist hierzu erforderlich, wenn die polizeiliche Vorschrift von dem Könige oder mit dessen Genehmigung erlassen war.

V. v. 20. September 1867 § 14 übereinstimmend, jedoch sind beide Absätze zu einem zusammengefaßt und im Satz 2 heißt es statt „Könige" „Landesherrn";

Lauenb. Ges. § 15 Abs. 1: Unser Minister für Lauenburg ist usw. wie Abs. 1 d. Ges. v. 11. März 1850;

Abs. 2: Unsere Genehmigung ist hierzu erforderlich usw. wie Satz 2 d. V. v. 20. September 1867.

Zusatz: LVG. § 145 Abs. 2.

Bei der Befugnis des Ministers des Innern, jede (orts-, kreis-, bezirks- oder provinzial-) polizeiliche Vorschrift, soweit Gesetze nicht entgegenstehen, außer Kraft zu setzen (§ 16 des Gesetzes vom 11. März 1850, § 14 der Verordnung vom 20. September 1867 beziehungsweise des Lauenburgischen Gesetzes vom 7. Januar 1870), behält es mit der Maßgabe sein Bewenden, daß diese Befugnis hinsichtlich der Strom-, Schiffahrts- und Hafenpolizeivorschriften (§ 138) auf den Minister für Handel und Gewerbe übergeht.

§ 17. Die Polizeirichter haben über alle Zuwiderhandlungen gegen polizeiliche Vorschriften (§§ 5 und 11) zu erkennen, und dabei nicht die Notwendigkeit oder Zweckmäßigkeit, sondern nur die gesetzliche Gültigkeit jener Vorschriften nach den Bestimmungen der §§ 5, 11 und 15 dieses Gesetzes in Erwägung zu ziehen.[1]

V. v. 20. September 1867 § 15: Die Polizeirichter haben, wenn sie über Zuwiderhandlungen gegen polizeiliche Vorschriften (§§ 5 und 11) erkennen, nicht die Notwendigkeit oder Zweckmäßigkeit, sondern nur die gesetzliche Gültigkeit jener Vorschriften nach den Bestimmungen der §§ 5, 11 und 13 dieser Verordnung in Erwägung zu ziehen.

Lauenb. Ges. § 16 wie § 15 der vorstehenden V., nur heißt es am Schluß „der §§ 6, 12 und 14 dieses Gesetzes".

1. In demselben Umfange, in welchem nach § 17 der Strafrichter bei Zuwiderhandlungen gegen Polizeiverordnungen zur Prüfung ihrer gesetzlichen Gültigkeit berufen ist, sind dies auch die Verwaltungsgerichte im Verwaltungsstreitverfahren wegen einer auf Grund einer PV. erlassenen Verfügung (über die Zulässigkeit vgl. § 5 A. 4), OVG. 19. März 1908 GA. 56 S. 328. Hiernach haben beide Arten von Gerichten in erster Linie die Einhaltung der dem polizeilichen Verordnungsrecht gezogenen Schranken zu prüfen, bei Überschreitung dieser Schranken der erlassenen PV. die Rechtswirksamkeit zu versagen und demgemäß den Angeklagten freizusprechen bzw. die ergangene Verfügung aufzuheben, OVG. 14. Juni 1882 Entsch. 9 S. 353, RG. 16. Juni und 7. November 1899 Strafs. 32 S. 231 und 341; obgleich § 6 im § 17 nicht zitiert ist, hat sich die Prüfung doch darauf zu erstrecken, ob eine PV. innerhalb der durch § 6 gezogenen Grenzen geblieben ist, OTr. 8. November 1864 und 8. Mai 1865 OR. 5 S. 237 und 6 S. 91. § 17 findet als eine allgemeine und organische Bestimmung auch auf die auf Grund sonstiger Gesetze erlassenen Polizeiverordnungen Anwendung, KG. 5. Juli 1883 Jhrb. 4 S. 256, vgl. Allgem. Berggesetz v. 24. Juni 1865 (GS. S. 705) § 209. Bei dieser Prüfung muß sowohl der Inhalt der Polizeiverordnungen als ihr Zweck ins Auge gefaßt werden, KG. 30. März 1903 Jhrb. 26 C S. 5. Für die Frage, ob eine PV. in einem Gesetz ihre rechtliche Grundlage findet, kommt es nicht darauf an, ob bei Erlaß der PV. die Absicht bestanden hat, gerade die Bestimmungen dieses Gesetzes zugrunde zu legen, KG. 30. November 1908 Recht 09 S. 782. Diese Rechtskontrolle beschränkt sich aber auf die Prüfung des Vorhandenseins objektiver polizeilicher Momente; die weitere Frage, ob die Rücksicht auf das

Gemeinwohl die gegebenen Vorschriften erfordert, ob die Polizeibehörde in ihren Verordnungen auf dem ihrer Fürsorge anvertrauten Gebiete zu weit gegangen ist und ob etwa das entgegenstehende Interesse von Privatpersonen in ungerechtfertigter Weise beeinträchtigt wird, liegt ausschließlich auf dem Gebiete der Notwendigkeit und Zweckmäßigkeit und kann daher nur durch die Aufsichtsbehörde entschieden werden, OVG. 4. Oktober 1892 Entsch. 23 S. 349, KG. 15. Juni 1905 Jhrb. 30 C S. 18. Insbesondere werden gegenüber den in Polizeiverordnungen aufgestellten Geboten und Verboten fast immer einzelne Ausnahmsfälle vorkommen, bei denen derjenige Beweggrund, welcher die polizeiliche Rechtsnorm veranlaßt hat, wegen besonderer Umstände tatsächlich nicht geltend gemacht werden kann; daraus folgt indessen nicht, daß die Polizeibehörde, indem sie die Vorschrift als ein unbedingtes Gebot oder Verbot faßte, ihre Befugnisse überschritten habe, ob und inwieweit Ausnahmen von der PV. — über die Zulässigkeit solcher vgl. § 5 A. 4 — zuzulassen gewesen wären, hat der Richter nicht zu prüfen, ausschlaggebend für ihn ist allein, ob die Vorschrift ihrem Gegenstande nach der polizeilichen Regelung unterworfen ist, OVG. 27. Juni 1884 Entsch. 11 S. 374. Andererseits kann aber eine Vorschrift, welche sich in ihren Mitteln zur Erreichung eines polizeilichen Zweckes völlig vergriffen hat, nicht aufrechterhalten werden, OVG. 7. März 1898 Entsch. 34 S. 375. Vgl. auch über die Grenzen des richterlichen Prüfungsrechts OTr. 8. Juli 1868 OR. 9 S. 437. Verstößt eine PV. materiell gegen eine gesetzliche Vorschrift, so ist sie schlechthin ungültig und kann auch dann nicht zur Anwendung kommen, wenn der konkrete Fall einen Tatbestand darstellt, der durch eine gültige PV. hätte getroffen werden können, KG. 9. Juni 1904 DJZ. 04 S. 997, 30. Januar 1905 DJZ. 05 S. 360, 26. September 1907 Jhrb. 34 C S. 11, 20. September 1910 DJZ. 1910 S. 1301.

Der Richter hat auch zu prüfen, in welcher Weise die Verkündigung einer PV. geschehen ist und ob jene Verkündungsart den gesetzlichen Vorschriften entspricht. Sind formell zwingende Vorbedingungen für das Zustandekommen einer PV. in der Bekanntmachungsformel zum Ausdruck gebracht, so ist jede richterliche Beweisaufnahme über das Vorliegen oder Nichtvorliegen dieser Bedingungen unzulässig, KG. 25. November 1901 Jhrb. 23C S. 3 vgl. § 5 A. 12.

§ 18. Für den Fall des Unvermögens des Angeschuldigten ist auf verhältnismäßige Gefängnisstrafe[1] zu erkennen. Das höchste Maß derselben ist 4 Tage statt 3 Rtlr. und 14 Tage statt 10 Rtlr.[2]

V. v. 20. November 1867 § 16 und Lauenb. Ges. § 17 übereinstimmend.

1. Statt Gefängnis tritt jetzt Haft ein, Art. VIII Abs. 3 EG. z. Preuß. StGB. v. 14. April 1851 (GS. S. 101).

2. Das Höchstmaß der zu unterstellenden Freiheitsstrafe von 4 Tagen bzw. 10 Tagen ist auch jetzt noch für die Fälle maßgebend, in denen das Höchstmaß der zulässigen Geldstrafe 9 bzw. 30 M. ist, KG. 8. Dezember 1890 Jhrb. 11 S. 204. Eine analoge Anwendung der Bestimmung auf die nach §§ 136, 137 LVG. zulässigen Höchstmaße der Geldstrafe von 100 bzw. 60 M. ist nicht angängig.

§ 19. Die bisher erlassenen polizeilichen Vorschriften bleiben so lange in Kraft, bis sie in Gemäßheit dieses Gesetzes aufgehoben werden.[1]

V. v. 20. September 1867 § 17 und Lauenb. Ges. § 19 — § 18 vgl. bei § 20 — übereinstimmend.

1. Die Bestimmung bezieht sich nur auf solche Polizeiverordnungen, welche sich innerhalb der Schranken des geltenden Rechts halten; Polizeiverordnungen, die in ihrem Inhalt zwar dem früheren, nicht aber dem jetzigen Recht entsprechen, sind aufgehoben, OVG. 3. Januar 1900 Entsch. 36 S. 325, KG. 11. Juni 1903 Jhrb. 26C S. 40. Entsprechend dem in der Vorbemerk. zu § 6 entwickelten allgemeinen Grundsatz sind deshalb frühere Polizeiverordnungen, welche nicht die öffentliche Ordnung, sondern lediglich die Ordnung innerhalb eines Privatkreises, z. B. einer geschlossenen Gesellschaft, aufrechtzuerhalten bestimmt sind, als beseitigt zu erachten, KG. 11. Juni 1903 Jhrb. 26C S. 40. Das allgemeine Verbot der öffentlichen Spinnstuben besteht nicht mehr

zu Recht, KG. 5. November 1885 Jhrb. 6 S. 304; ebenso ist ungültig eine PV., welche bestimmt, daß Spinnstubenzusammenkünfte nicht über 11 Uhr nachts hinaus dauern dürfen, KG. 14. April 1904 DJZ. 04 S. 653.

§ 20. Die den Polizeibehörden nach den bisherigen Gesetzen zustehende Exekutionsgewalt wird durch die vorstehenden Bestimmungen nicht berührt.

Jede Polizeibehörde ist berechtigt, ihre polizeilichen Verfügungen durch Anwendung der gesetzlichen Zwangsmittel durchzusetzen.

Wer es unterläßt, dasjenige zu tun, was ihm von der Polizeibehörde in Ausübung dieser Befugnis geboten worden ist, hat zu gewärtigen, daß es auf seine Kosten zur Ausführung gebracht werde — vorbehaltlich der etwa verwirkten Strafe und der Verpflichtung zum Schadensersatze.[1]

V. v. 20. September 1867 § 18: Die Polizeibehörden sind berechtigt, ihre polizeilichen Verfügungen durch Anwendung von Zwangsmittel durchzusetzen. Es steht ihnen zu diesem Behufe die Befugnis zu, Strafandrohungen bis zu einhundert Talern oder 4 Wochen Gefängnis zu erlassen und zu vollstrecken. Die Regierungen sind jedoch ermächtigt, die ihnen untergeordneten Polizeibehörden in der Höhe der Strafandrohungen auf ein geringeres Strafmaß zu beschränken. Wer es unterläßt, dasjenige zu tun, was ihm von der Polizeibehörde in der Ausübung dieser Befugnis geboten worden ist, hat zu gewärtigen, daß es auf seine Kosten zur Ausführung gebracht werde, vorbehaltlich der etwa verwirkten Strafe und der Verpflichtung zum Schadensersatze.

Lauenb. Ges. § 18 wie § 18 der V., jedoch bildet der Schlußsatz einen zweiten Absatz.

1. Über Zwangsbefugnisse zur Durchsetzung obrigkeitlicher Anordnungen vgl. jetzt LVG. §§ 132ff. Über die Beschränkung der Zulässigkeit polizeilicher Zwangsmaßregeln in bezug auf die durch PV. gebotenen oder verbotenen Handlungen vgl. § 5 A. 4.

§ 21. Alle diesem Gesetze entgegenstehenden Bestimmungen sind aufgehoben.

V. v. 20. September 1867 § 19: Die in dieser Verordnung den Bezirksregierungen eingeräumten Befugnisse werden in dem vormaligen Königreiche Hannover bis zur Einführung von Bezirksregierungen von den Landdrosteien und der Berghauptmannschaft ausgeübt.[1]

§ 20: Alle dieser Verordnung entgegenstehenden Bestimmungen sind aufgehoben. Dieselbe tritt mit dem Tage in Kraft, an welchem das sie enthaltende Stück der Gesetzsammlung in Berlin ausgegeben wird.

Lauenb. Ges. § 20: Alle diesem Gesetze entgegenstehenden Bestimmungen sind aufgehoben.

Dasselbe tritt mit dem 1. April d. J. in Kraft.

1. Die Einführung der Regierungen ist in Hannover mit dem 1. Juli 1885 erfolgt — § 120 der Kreisordnung für Hannover vom 6. Mai 1884 (GS. S. 181).

Sachregister.

(Die Zahlen verweisen auf die Seiten.)

A.

G.

H.

J.

N.

O.

P.

Q.

R.

S.

T.

Z.

W. Pätz'sche Buchdr. Lippert & Co. G. m. b. H., Naumburg a. d. S.

Kolibri 360 GmbH
Ferdinand-Jühlke-Straße 7
99095 Erfurt, Deutschland
produktsicherheit@kolibri360.de